JN124565

ゴルフ
スイングの真実
ゴルフスイングは「円軌道」ではない

坂木直樹

東京図書出版

〈真理〉とは、〈私たち〉の彼方にあるのではなく、ただ〈私たち〉の相互的な納得を見出すことだけにある。（フッサール）

はじめに

一般に、ゴルフスイングのクラブ・ヘッドの軌道は「円軌道」といわれます。これは、クラブを振る（円運動させる）ことによってクラブ・ヘッドに速度を与えてボールを飛ばす、つまり私たちがスイングを「円運動」と考えるからです。「クラブ・ヘッドがスイング・プレーンに沿って円を描くように振りなさい」と教えられるのは、そのためです。

初心者ゴルファーはフォームが固まってないので、スイングの度に動作が異なります。結果、クラブ・ヘッドの軌道が不安定なのは致し方のないところです。運動学習理論では、運動・動作の結果生じる軌道に関する情報は「結果の知識」と呼ばれ、運動を学習（上達）していく過程で重要な働きをします。

どのような問題も、それをどう見るか、どう考えるかで問題の解き方や取り組み方が違ってきます。そうすると答えも違ってきます。見方によっては、物事の世界が全くの別物に変質し、変容してしまう。偏った見方はしていないか、思い込みや考え違いはないか。私たちは、スイングした結果生じる「軌道」について、見直し、考えてみる必要があります。

野球のピッチャーは、いろいろな球種を自在にコントロールします。ボールがコントロールされるのは、ボールの回転と「重力」によるボールの〝曲がり〟を計算し、適切な方向へ、適切なボールの回転とスピードで投球するからです。ピッチャーはキャッチャーのミットを狙いながらも、決してミットの方向へは投球しないのです。ミットの方向へ投げてはならない力学的な条件——自分が大気の中、リンゴは木から落ちる重力場にあることを「知っている」（記憶している）からにほかなりません。

ピッチャーは、ミットを狙うべきことも知っているし、そうしてはならないことも知っているのです。いったい、彼はどこを狙って投げるのでしょうか？

私たちは、「ナイス・ピッチング」しても「ナイス・ショット」しても、自分がどのように動作したかを言葉に表すことができません。これは、私たちが「歩き方」を知っているのに、それを言葉で伝えられないのと同じことです。子供は、歩き方は自分で覚えていきます。

このことは、スイングを「言葉」に置き換えたり、スイングの姿かたちを「図形」として捉えることは、スイングのありのままを見ているのではなく、〝メガネ〟を通して眺めていることを示しています。対象を眺める「メガネ」が造り出すスイング像を見ているのであり、造られたその「言葉」や「図形」は、スイングの上達に関わります。上達を左右します。大事なのは「メガネ」です。

ゴルフスイングの真実

ゴルフスイングは「円軌道」ではない

目次

はじめに……3

第1章 スイングの「仕組み」を考える……13

自分が「何をするか」を知る……15
直立した身体を「水平回転」させる……15
地球を回転させる……16
2つの円運動……17
スイングの動力は「大地」……26
水平回転動作と振り降ろす動作の協力……26
「円運動加速システム」を作る……27
スイングの「中心点」と「回転軸」……28
水平面円運動加速システム……29

鉛直面円運動加速システム …… 37
スイングには「振り払う動作」がある …… 41
手関節は2つの方向へコックされる …… 41
コックはダウンスイングで〝より深く〟なる …… 42

第2章

スイングの「軌道」を知る …… 43

スイングの道しるべ …… 45
軌道はすべてを語る …… 45
スイングは「回転ブランコのラセン運動」 …… 50
スイングの回転方向 …… 51
巻貝のような竜巻運動 …… 53
左右対称のラセン階段 …… 54
「ラセン」を予測してスイングする …… 59

第3章

スイングに起こる事態を「予測」する

スイングに起こる事態を「予測」する …… 61
ダイナミック・スイング・プレーン …… 63
テイクバックの目印 …… 63
2つの円運動の同調 …… 64
2つの円運動の連携 …… 64
フォロースルーの目印 …… 66
クラブ・フェイスの向きの運命 …… 68
両上肢・クラブは回旋動作しない …… 68
ダウンスイング初期のシャフトの挙動 …… 69
大地に近い部位から始動する …… 69
2つのブランコの脚 …… 70
ワンピースのテイクバック …… 70
逆くの字型のトップスイング …… 72

左脇は締めて、右脇は空ける……74
足から始動して、肩から始動する……75
アドレスでは右膝を締める……75
アドレスでの右足の向き……77
正しく切り返す条件……77
段階的に筋力アップする……79
インパクト後も筋力アップする……81

第4章

上達を「工夫」する

上達を「工夫」する……83
運動プログラム獲得のためのドリル……85
有効に機能する情報を選択する……86
日本流スイングの原点……87
「どのようにするか」を知っていく……88

遠心力を利用する……88
遠心力を確認しておく……89
スイングの本質を身につける「エッセンス・ドリル」……90
スイングに潜在する情報「逆向きの弧」……91
2つの円運動のスイング・モデル……92

結び 「真実」はなぜ大切なのか――……99
参考文献……101

第1章

スイングの「仕組み」を考える

自分が「何をするか」を知る

どんな運動・動作も、それを上達するには、その運動や動作を正しく理解しなければなりません。

ゴルフのスイングは、アドレスの構えがあって、バックスイングし、それを反転してフォワードスイングします。この一連の運動・動作が〈どのような運動〉で、そのとき身体の各部位が〈どのような動作〉をするかを知らねばなりません。すなわちそれは、自分が〈何をするのか〉を知ることです。

直立した身体を「水平回転」させる

ヒトは大地に直立します。歩き、そしていろいろな運動をするとき、立位の動作はそれがどんな姿勢のときも、「重力」にバランスした直立位を保って動作します。もちろんスイングも、始めから終わりまで直立位を保って回転動作します。

野球のバッティングやハンマー投げ、円盤投げの動作もそうですが、より遠くへ飛ばそうとして直立した身体を回転させ続ける（加速する）には、身体を水平回転させるしかありません。ゴルフのスイングにおいても「水平回転動作」は、それがなければスイング運動はあり得ません。スイングになくてはならない、スイングの根幹というべき動作です。近年よく説かれるボディターン・スイングは、「身体をしっかり水平回転させなさい」と言っているのです。直立した身体をしっかり水平回転させねばなりません。

物体が運動するには、物体に力が働かないと運動しません。身体を水平回転させるには、水平回転させる力――「動力」が必要です。

地球を回転させる

ヒトが地上で跳んだり、走ったり、身体を回転させたりできるのは、接している足で大地を蹴ることによって大地に力を作用させ、その反作用の力で自身が運動されるからです。ならば水平回転動作は、「大地を回転させようとする動作」です。ハンドルを回すように、両下肢で大地をしっかり回転させようとしなければなりません。

　物体の質量と速度の積が「運動量」です。運動量の変化は「力積」と呼ばれ、F·t＝m·v′－m·v（F：力の大きさ、t：時間、m：質量、v：速度）で表されます。この公式は、大地をより大きい力で、より長い時間回転させようとするほど、身体の運動量が増大することを示しています。運動量の増大は、その分、身体の水平回転が加速することです。

　ボディターン・スイングとは、身体の水平回転をしっかり加速するスイングを意味し、それは両下肢で大地を、極論すれば地球を回転させることです。作用・反作用の力が働き合うときの運動量保存の法則からして、地球が回転した分の運動量が身体の運動量へ移ります。地球を回転させねばなりません（図1）。

2つの円運動

　もう1つ大事なことがあります。それは、スイングは水平回転だけの動作ではないということです。水平回転の回転軸は大地に対して垂直の鉛直軸です。それは重力場

図１　運動量の保存

運動量保存の法則から、スイングするとき地球を水平回転させていることになる。両下肢で大地を回転させようとして動作する。

に直立するヒトが水平回転動作するときの、スイングの基幹回転軸ですから、スイングの基本構造は扇風機ではなく、遊園地のチェーン・タワー、いわゆる回転ブランコと考えるほかありません。

回転ブランコの回転軸は鉛直軸です。ですが、回転ブランコは回転速度が速くなるほど遠心力によって高い位置へ上昇し、回転速度が遅くなると低い位置へ降りてきます。回転ブランコは上昇したり下降したりします。上下にも運動しますが、このときの回転ブランコの上下運動は、縦方向すなわち鉛直方向の円運動による上昇・下降運動です。ブランコが水平に回るだけでなく、縦方向にも回っていることになります。

回転ブランコの運動は、鉛直軸による水平回転と水平軸による鉛直回転の〝2つの円運動〟が同時に進行するので「2軸性・3次元の運動」となります。ブランコは、2つの円運動が合成された軌道を描きます（図2）。

スイングの基本構造は、1つの軸による1つの円運動ではなく、2つの軸による2つの円運動なのです。そして2つの円運動の「中心点」、すなわち2つの円運動を同時に動作できる中心点は、胸骨上端の中央に位置する点しかありません（図3）。「中心点」を中心点とする――2つの円運動を連続して表すことができます。クラブ・ヘッドは、2つの円運動が合成された軌道を描きます。

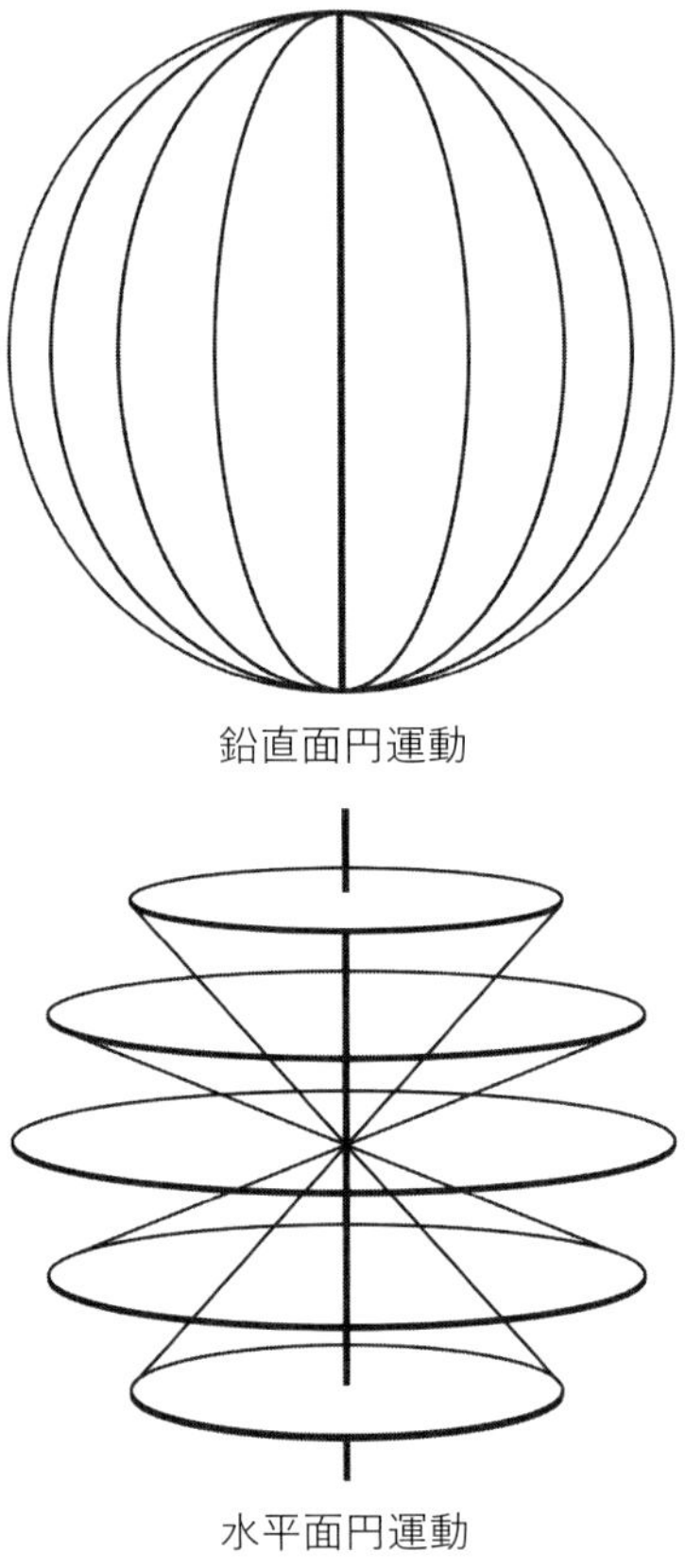

図2　ダイナミック・スイング・プレーン

回転ブランコは、水平面円運動しながら鉛直面円運動する。いわば「ダイナミック・スイング・プレーン」が手やヘッドの軌道を指し示す。双方とも積分すると球になる。スイングという小宇宙は「球」ということになる。

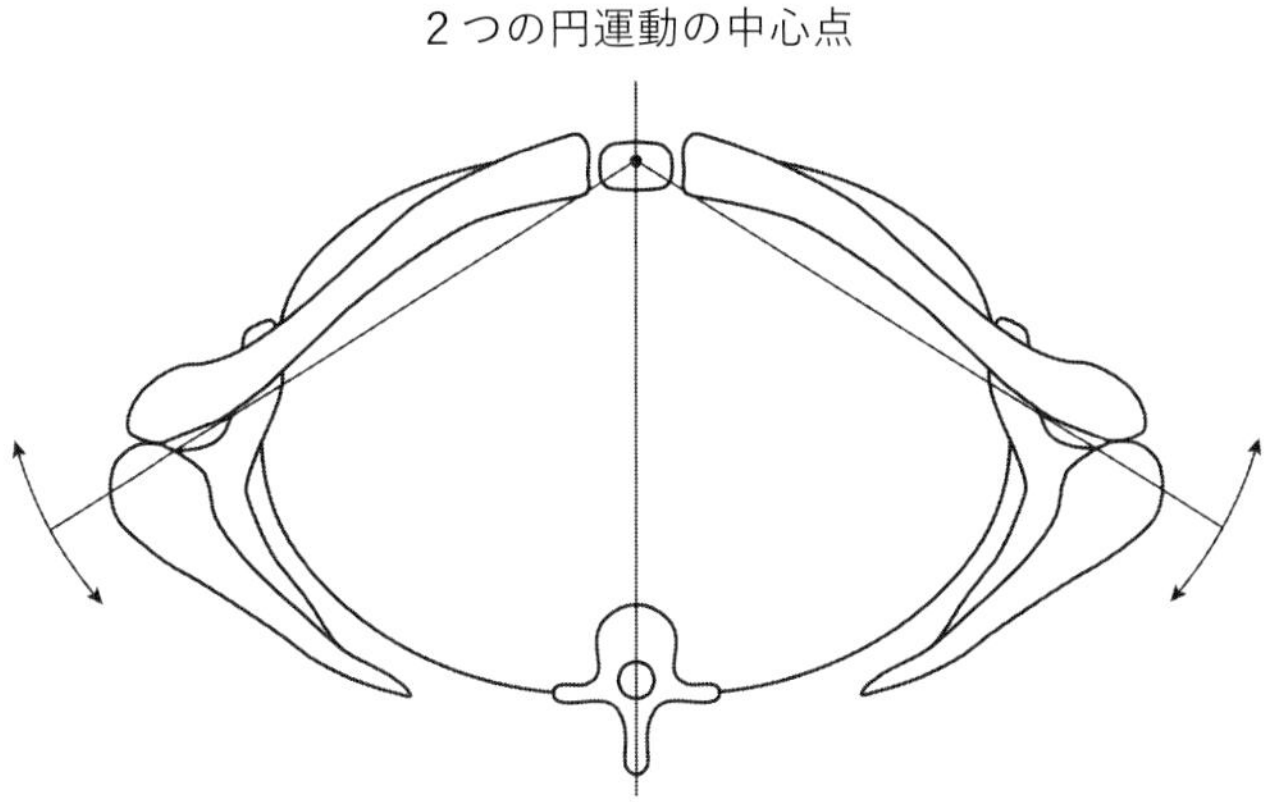

図3-a　肩甲骨すなわち肩関節の軌道の水平回転

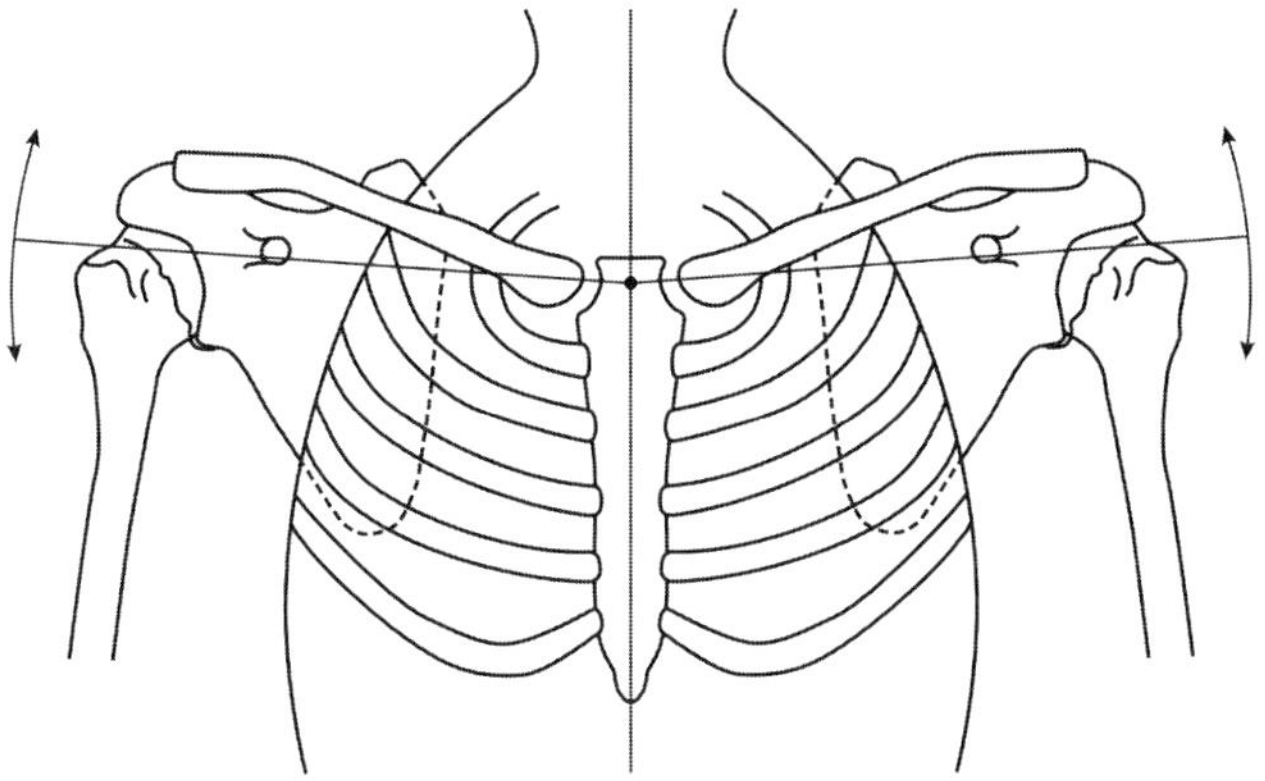

図3-b　肩甲骨すなわち肩関節の軌道の鉛直方向の円運動

トップスイングへ向けては
より鉛直な軌道で上昇する。

ダウンスイングの初期に
やや水平な運動をする。

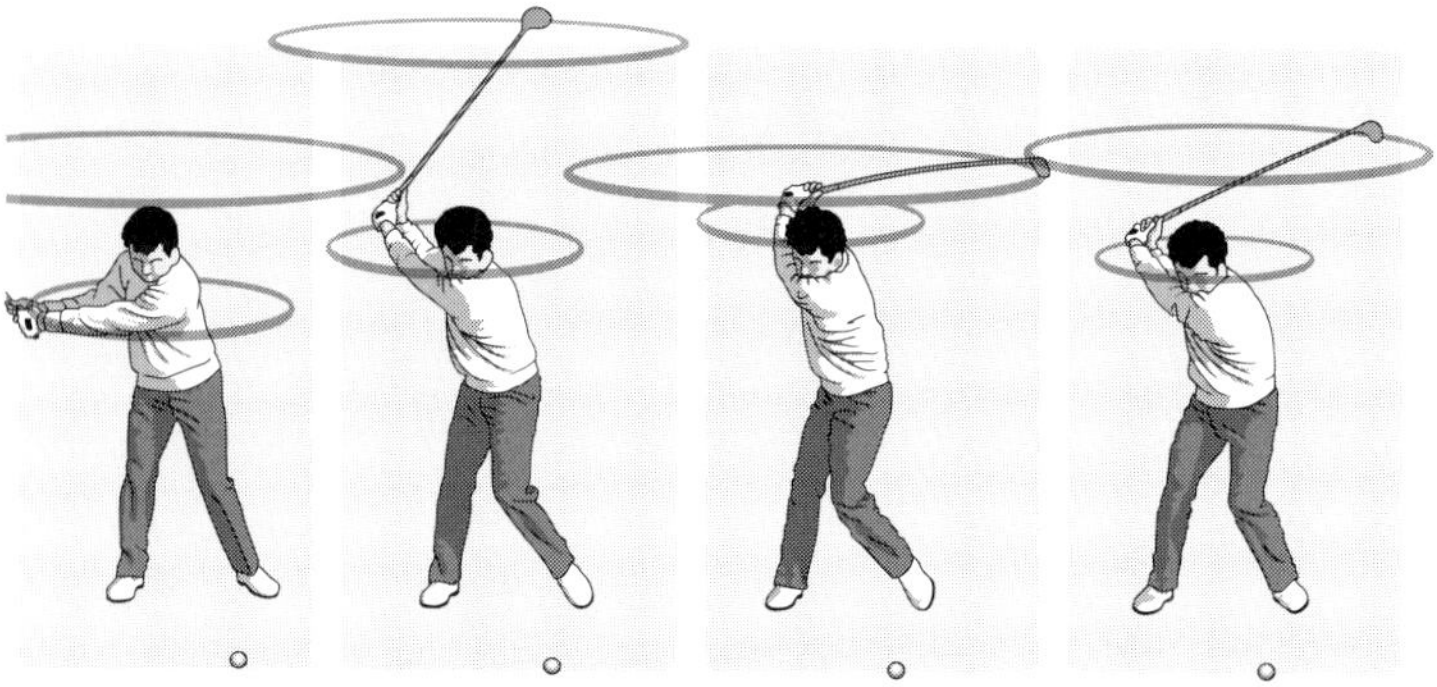

ヒールダウンした後、振り抜かれるまで「２つの円運動の中心点」は微動だにしていない。この間不動であるのはこの「点」だけ。他の部位はすべて運動する（ただし顔は運動器官ではない）。脊柱は決して固定されたものではない。

その後、より鉛直な軌道で急降下して、「水平な円錐面」となってインパクトし振り抜かれる ── 水平な軌道。
ヘッドが低く出ていくのはスイングアークが大きいからではない。水平な軌道で振り抜かれるからだ。
フィニッシュへ向けては、より鉛直な軌道で上昇する。

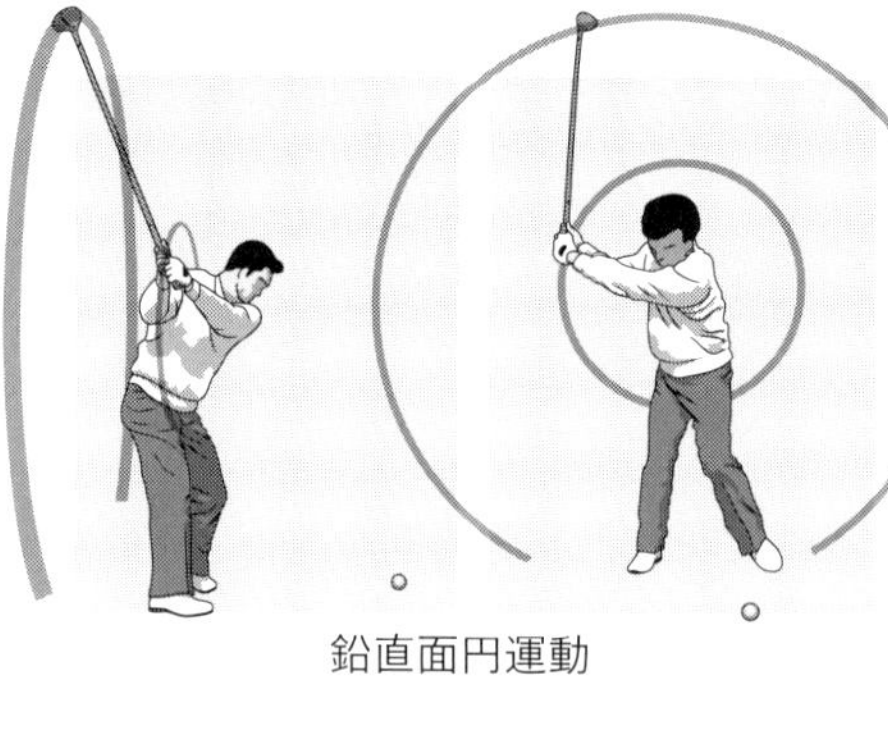

鉛直面円運動

「水平な円錐面」に沿って
テイクバックされる ── 水平な軌道。
ゆえにヘッドが低くテイクバックされる。

図4-a　水平面円運動（ウッドショット）

地球上での最も効果的な身体の回転動作は水平回転動作だ。

肩関節と手関節は、上肢とクラブ・ヘッドを水平方向へも運動させている。したがって手とヘッドは、２つの円運動の中心点から外れた「各々の鉛直面」において振り上げ・振り降ろされる。中心点から外れた平面での円運動は、遠心力によってつねに中心点を通る平面へ戻ろうとする。すなわち、振り降ろす動作の遠心力は、手やヘッドを水平方向へ加速する。
もちろん身体はしっかり水平回転させねばならない。つまり、スイングは２つの円運動によってヘッドを水平方向へ加速している。いわば２馬力なのだ。

図4-b　鉛直面円運動（ドライバーショット）

スイングの動力は「大地」

自分が〈何をするのか〉を知ることは重要です。クラブを握ったときまず大切なことは、自分が大地に直立していることを確認することです。クラブ・ヘッドを浮かしてアドレスしてみると、両上肢・クラブが直立した自分自身から吊るされていることがわかります。「自分」は回転ブランコなのです。動力源は大地です。なので回転ブランコは、大地に近い部位の動作の順に回りはじめます。

水平回転動作と振り降ろす動作の協力

スイングの目的はボールを水平方向へ飛ばすことですから、スイングにおけるヘッドスピードは「水平面円運動の角速度」と考えるのが妥当です。ゆえにボディターン・スイングが説かれます。

回転ブランコの鉛直軸をしっかり加速回転させるスイング、それがボディターン・

スイングといえますが、同時に、両上肢・クラブをしっかり振り降ろさねばなりません。なぜなら、回転ブランコの回転速度が速くなるほどブランコが上昇するように、鉛直方向の円運動の遠心力が、クラブ・ヘッドを水平方向へ加速するように働くからです。それならスイングは――「しっかり水平回転動作しながら、しっかり振り降ろす動作」です。日本流「水平打法」以外のものではありません。

スイングは、水平回転動作と振り降ろす動作とが協力してボールを水平方向へ飛ばします。いわば2馬力ということになります。

「円運動加速システム」を作る

地上で生活する私たちは、大地に力を作用させ、その反作用の力で自身が運動されて動作しています。たとえば押し車を押すときは、両上肢で押し車を押しますが、実際は両下肢で大地を押しています。このとき両下肢が大地を押す力の大きさは、両上肢が押し車を押す力と同じ大きさです。両下肢にも、両上肢にも、それらをつなぐ体幹部にも同じ大きさの力が働きます。身体の各部位が、押す動作を同じ大きさの力で支えねばならない、ということです。

では、押し車をより遠くへ押し放つときはどのように動作するでしょうか。この動作は押し車をより加速しようとするのですから、全身の動作が多段式ロケットと同じように「加速システム」を形成します。多段式ロケットの個々のロケットを、身体の多段式ロケットでは「基本動作」といいます。

スイングでは、個々の基本動作としての筋群の選択、筋収縮の活動順位、力の大きさ、力を発揮するタイミングが、力学的、生理学的な原理にかなって規則的に配列された「円運動加速システム」（運動プログラム・運動パターン）を形成しなければなりません。

スイングの「中心点」と「回転軸」

2つの円運動の中心点は胸骨上端の中央に位置する点ですから、水平回転動作の回転軸は「中心点を通る鉛直軸」です。そして、鉛直方向の円運動動作の回転軸は「中心点を通る水平軸」です。

水平面円運動加速システム

基本動作は、大地に近い部位の順に以下の動作です。

1　足の内転・外転動作（いわば足首を回す動作：図5）
2　水平面において膝関節のレベルに円を描かせる動作（図6）
3　両膝関節の位置に対して骨盤を水平回転させる動作（図7）
4　骨盤に対して体幹を捻転させる動作
5　体幹に対して両肩甲骨すなわち肩関節の軌道を水平回転させる動作（図8）

以上が、いわゆる「体の回転動作」の加速システムを構成する基本動作です。以上の動作が、大地に近い部位の動作の順に連鎖した活動順位で起こされます。これは、動作が大地を支持母体として動作されるからです（図9）。

以上の動作に引き続き連鎖した活動順位で、以下の動作が起こされます。

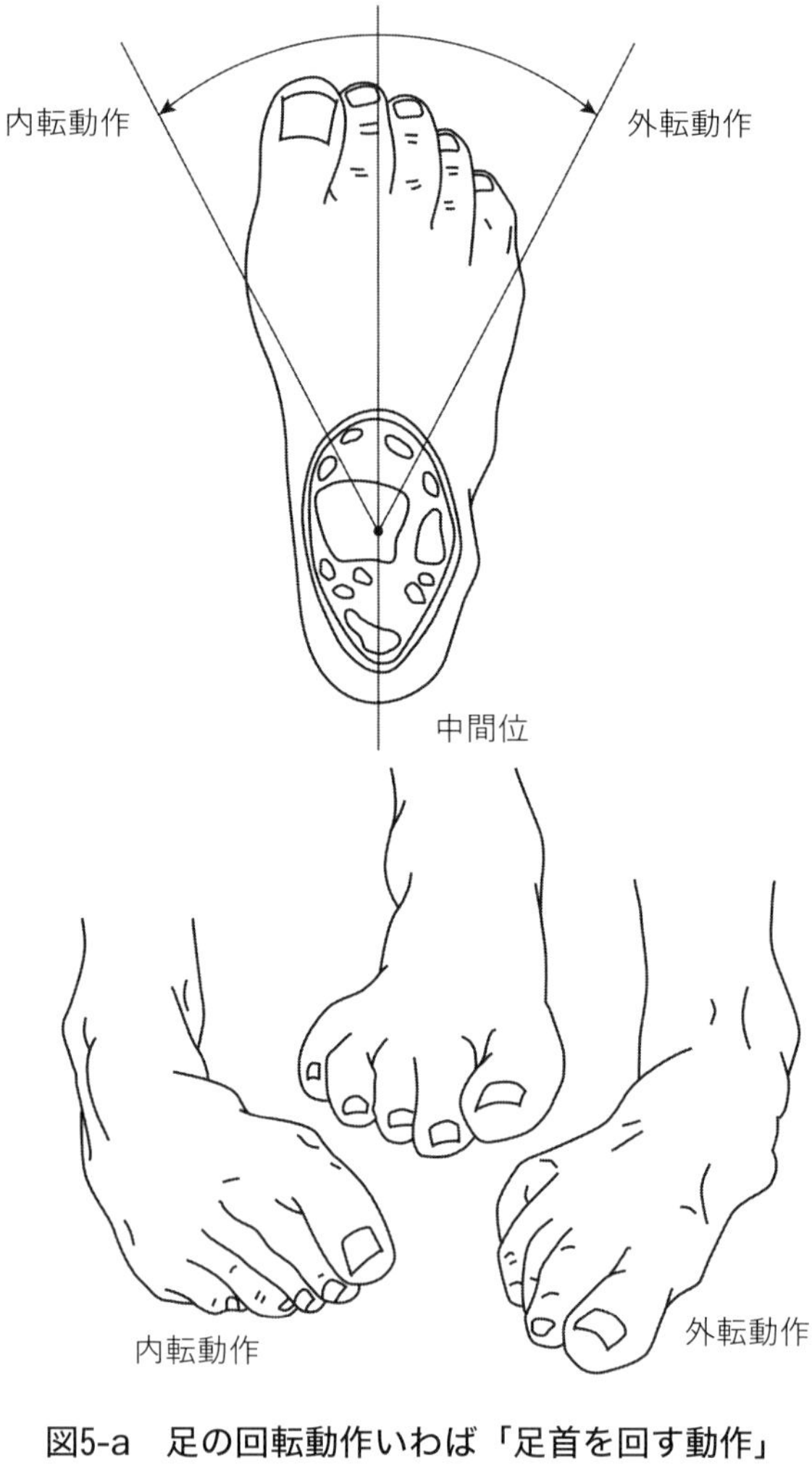

図5-a　足の回転動作いわば「足首を回す動作」

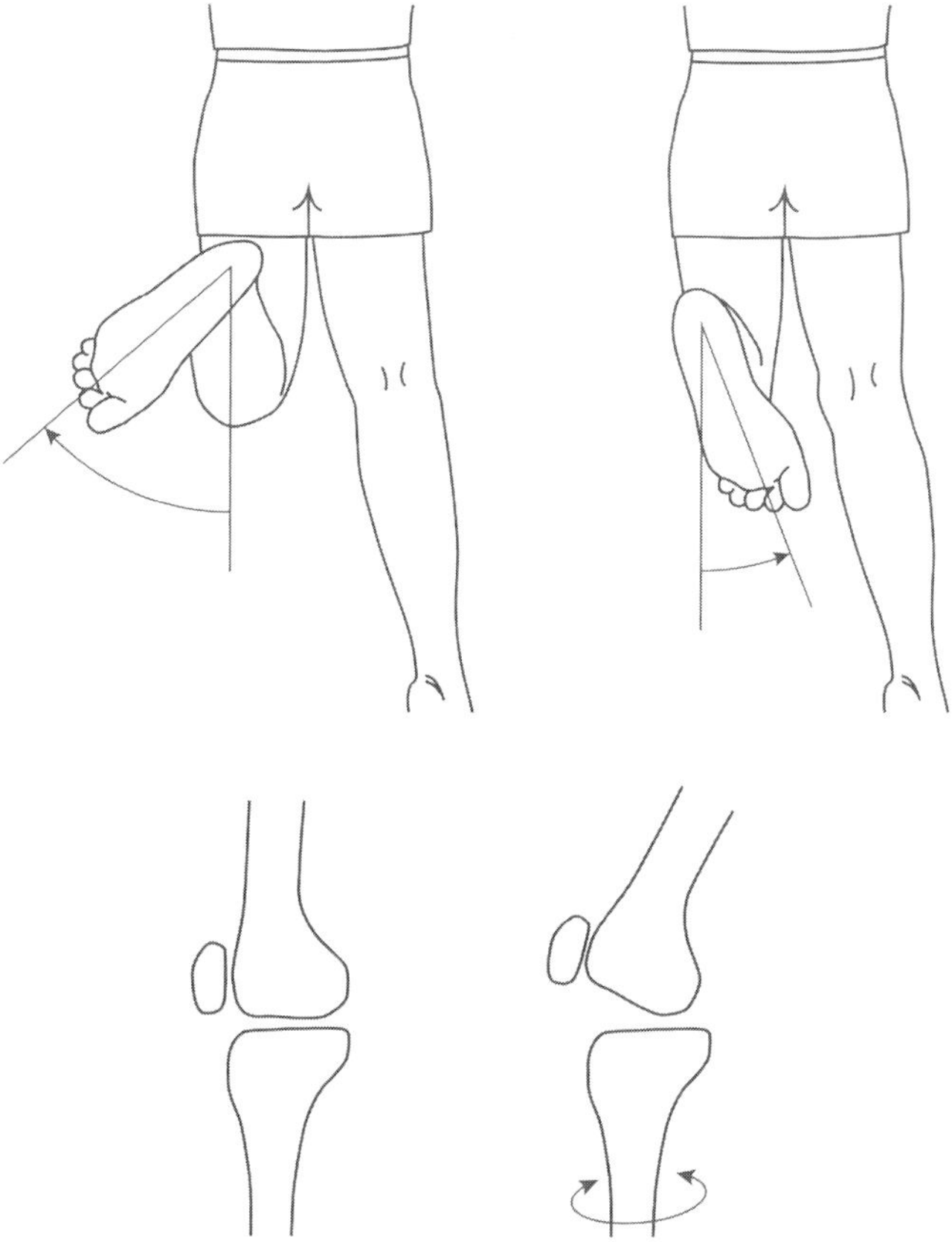

図5-b

膝関節屈曲位では下腿を回旋（長軸回転）動作できるので、いわば「足首を回す動作」には下腿の回旋動作も参画する。膝関節伸展位では下腿は回旋できない。

図６　膝関節のレベルの水平回転の軌道

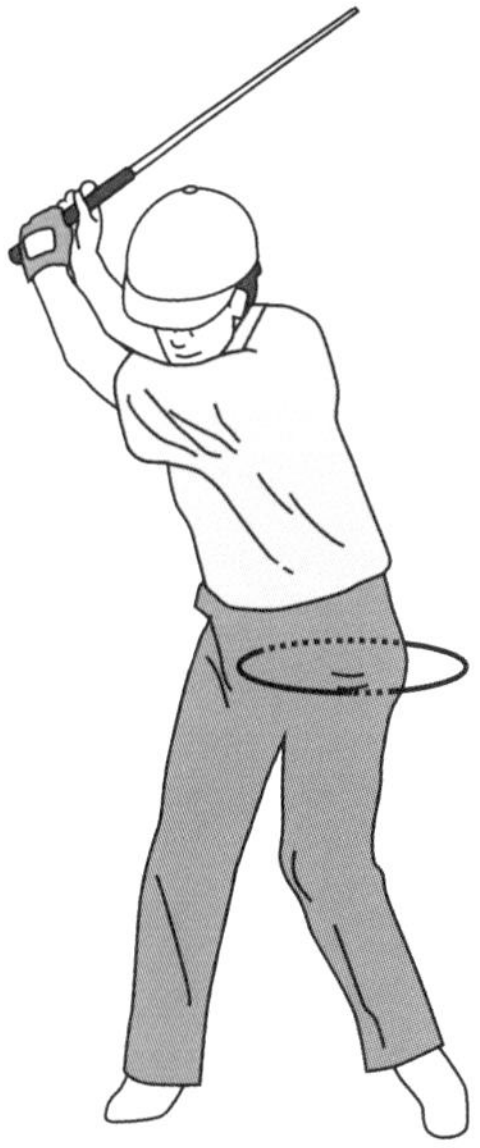

両膝関節の位置に対して骨盤を水平回転できる。骨盤の水平回転には、股関節での大腿の回旋動作も参画する。

重力にバランスして立位を保つため重心を移動するには、骨盤を含めた下半身は動く必要がある。

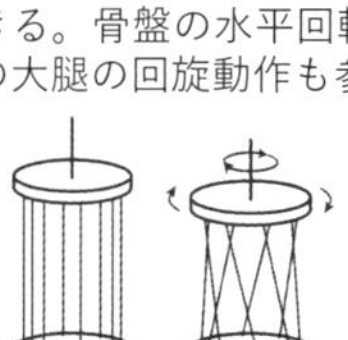

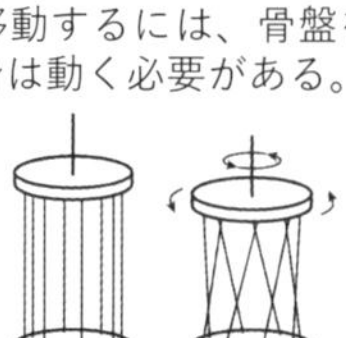

図7-a　骨盤の水平回転の軌道

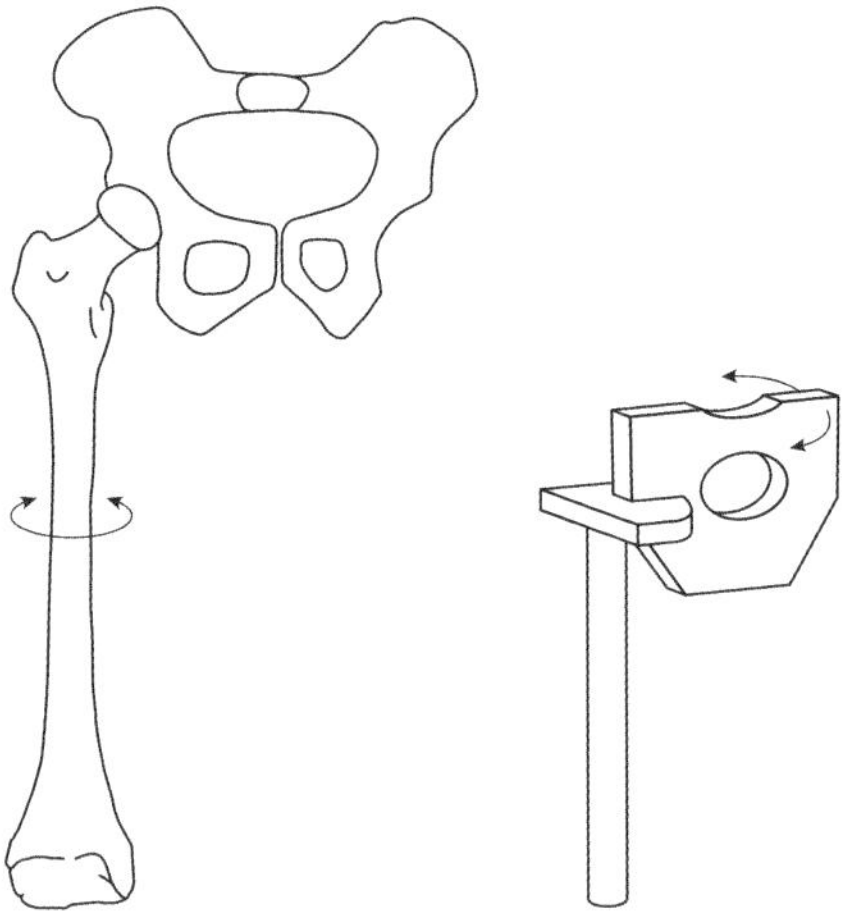

図7-b　股関節での大腿骨の回旋動作

大腿骨を固定して大腿骨の回旋動作を起こすと、骨盤が回転する。

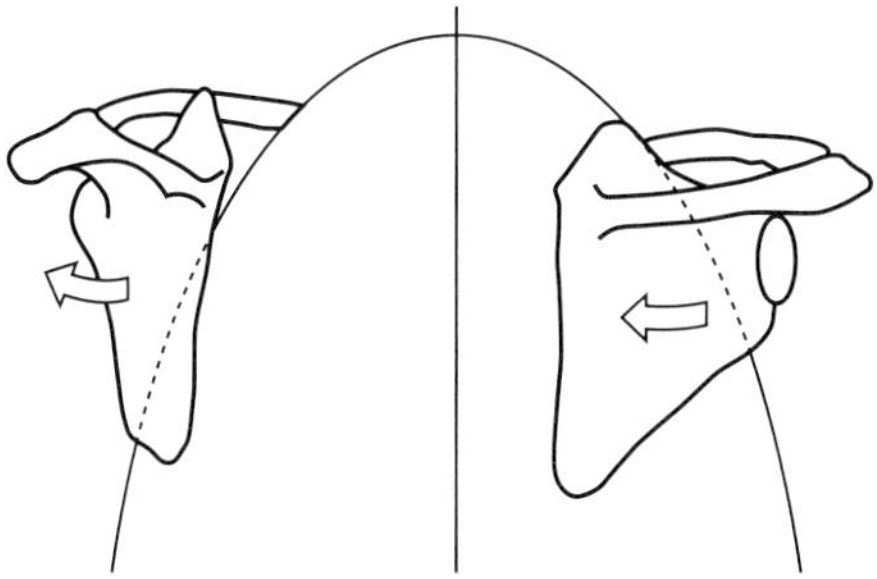

図８　肩甲骨すなわち肩関節の水平回転

肩甲骨は体幹上を滑って回転運動する。

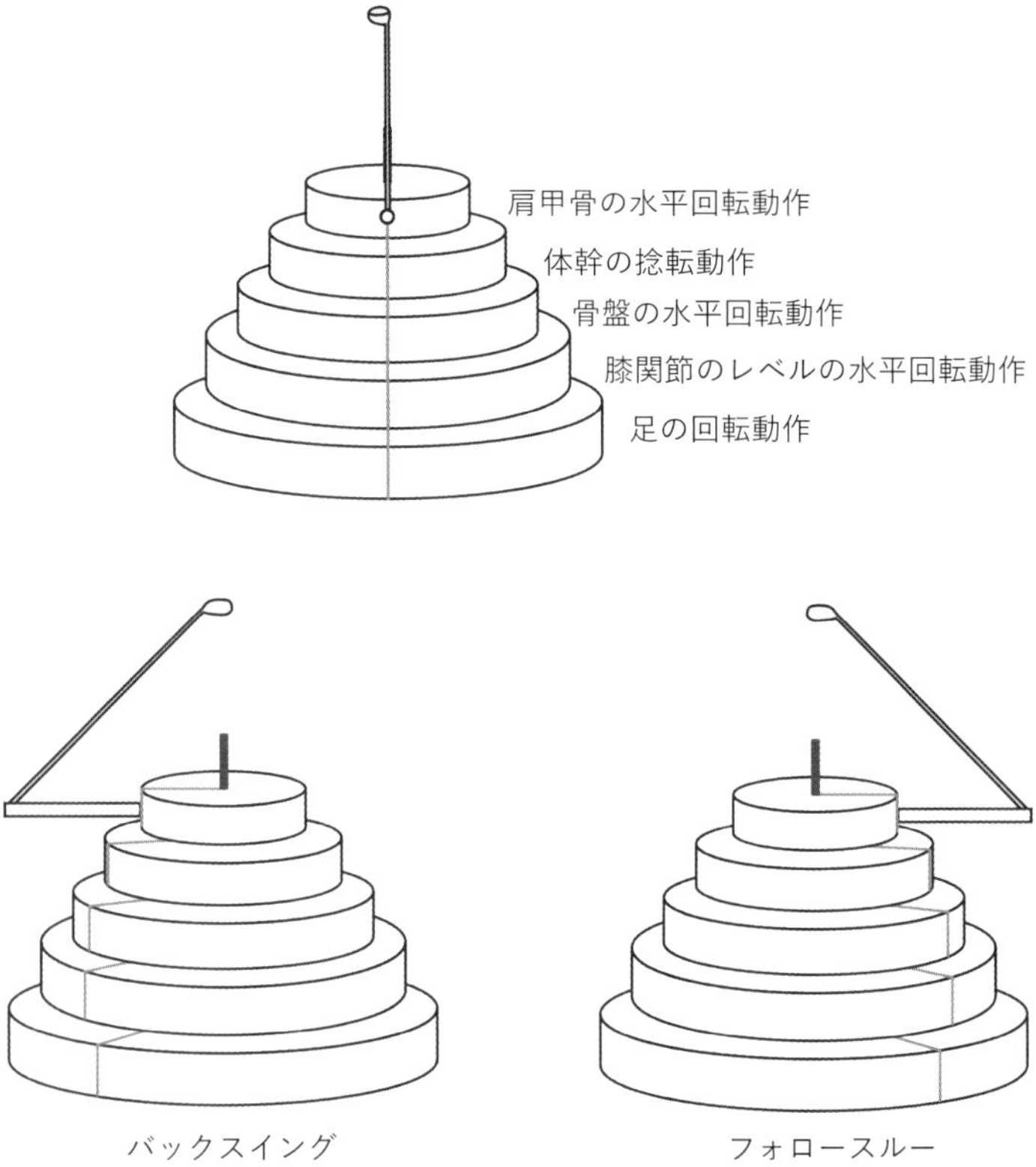

図９　体の回転動作の加速システム

6　肩関節での上肢の水平方向への内転・外転動作
7　手関節の掌屈・背屈動作（手を手掌および手の甲の方向へ運動させる動作：図10）

これら肩関節と手関節の水平方向への動作は、「体の回転動作」によるヘッドの水平回転を更に加速する動作、「更なる加速動作」です。

以上の動作が多段式ロケットの加速システムと同じように、大地に近い部位の動作ほど、より早い始動時期で、より大きい力で動作されるのが力学的な「約束」（原則）です。約束が破られたとき加速システムは破綻します。

鉛直面円運動加速システム

両上肢・クラブを「振り上げ・振り降ろす動作」も加速システムを形成します。この動作の軌道は、中心点に近い部位の順に「肩関節・肘関節・手関節・ヘッド」の軌道となります。

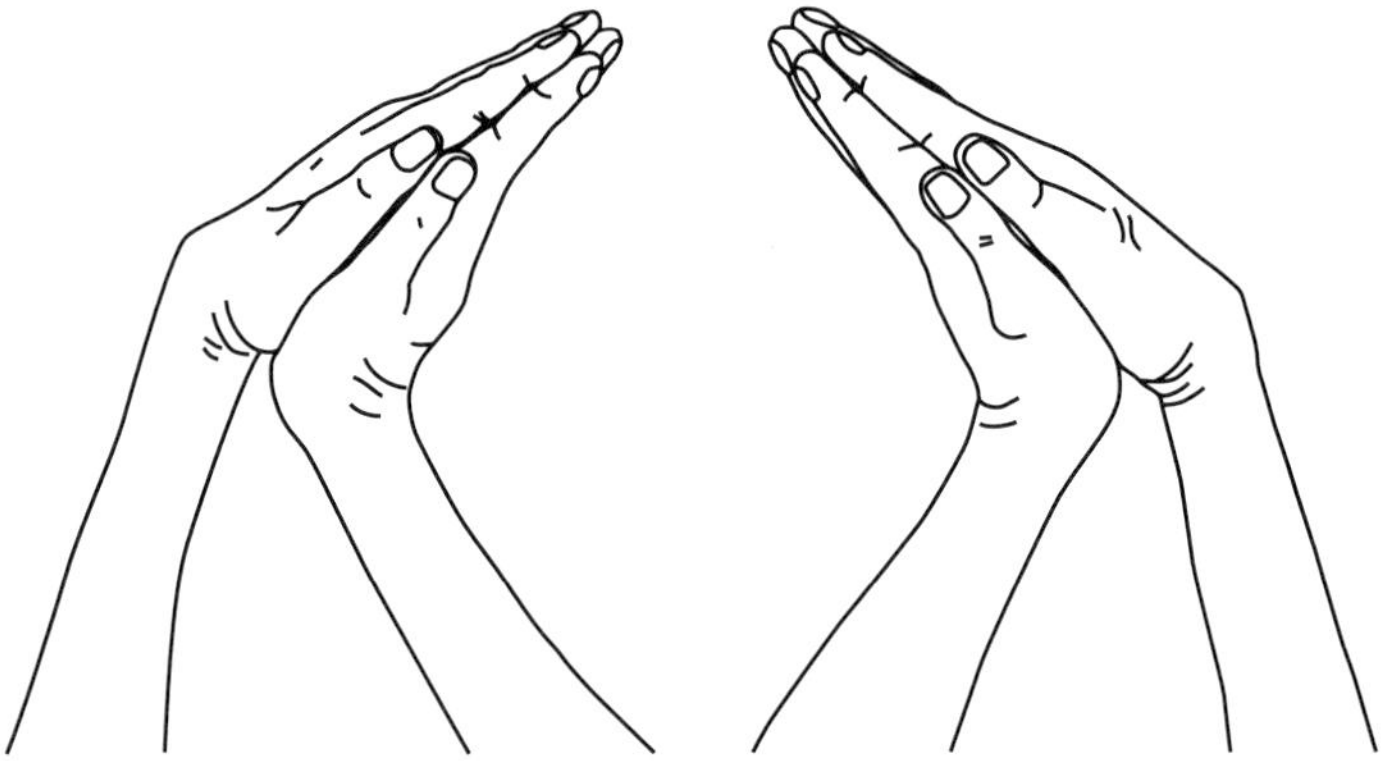

図10　手関節の掌屈・背屈動作と指の動作

手を手掌および手の甲の方向へ運動させる動作と、指も同じ方向へ屈曲・伸展動作する。したがって加速システムの一番最後の動作は、実際は（厳密には）指の動作ということになる。

この加速システムは、はじめ、より内側の軌道ほど速い角速度で運動させ、より外側の軌道ほど遅い角速度で運動させておいて、各関節の加速動作によって、順次、より内側の軌道の角速度の順に遅れた角速度を追いつき、追い越させる加速システムです。つまり「ムチの運動」と酷似した運動を起こす加速システムです。

基本動作は、中心点に近い部位の順に以下の動作です。

1　肩甲骨の挙上・降下動作（肩関節の軌道を円運動させる動作：図3）

2　肩関節での上肢の前方挙上・降下動作

3　肘関節の屈曲・伸展動作

4　手関節の橈屈・尺屈動作（手を拇指および小指の方向へ運動させる動作：図11）

これらの基本動作が、振り上げ・振り降ろす動作において1～4の順に、円運動のより内側の軌道を加速する動作ほど、より早い始動時期で、より大きい力で動作されるのが力学的な「約束」です。約束が破られたとき加速システムは破綻します。

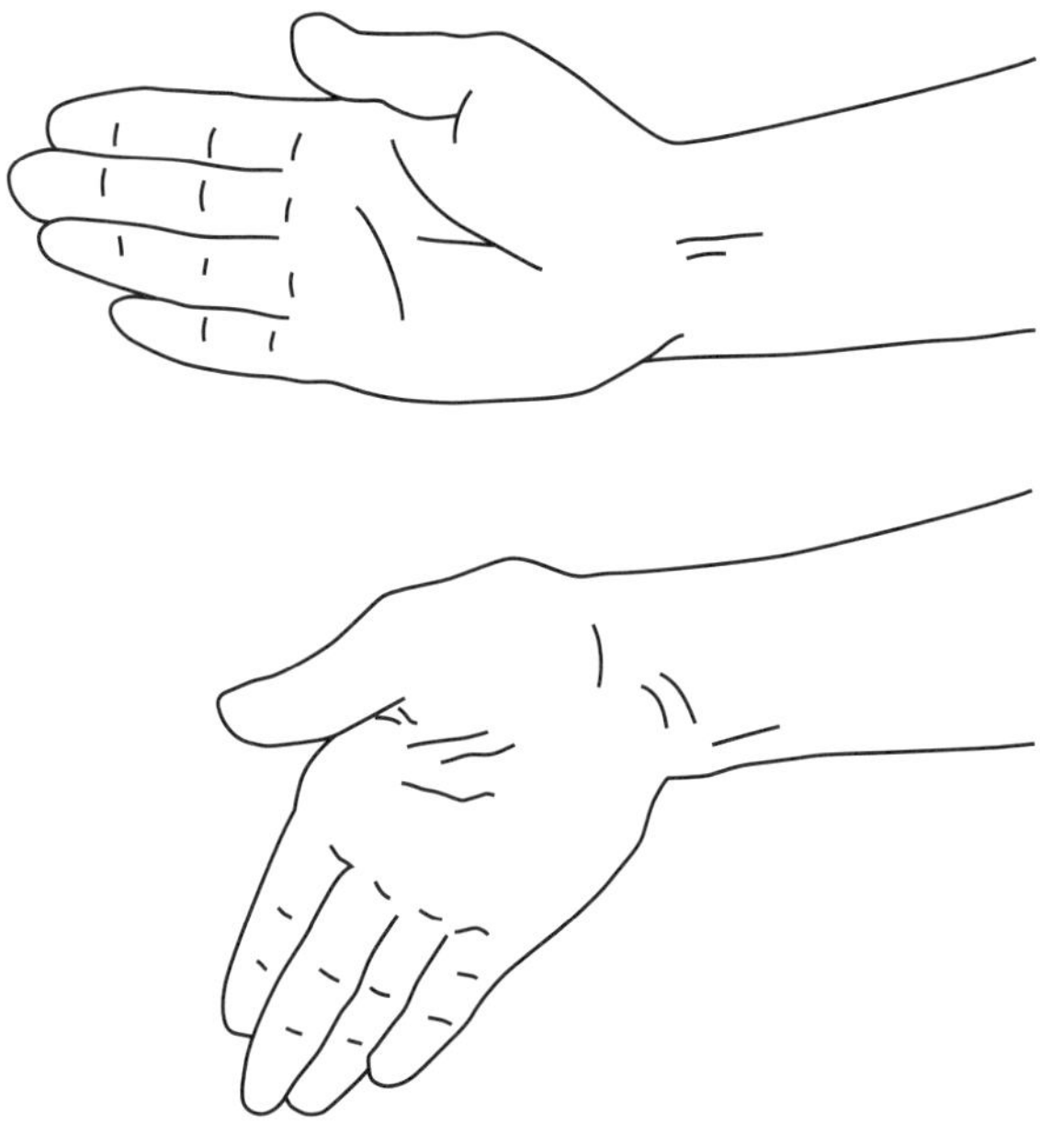

図11　手関節の橈屈・尺屈動作と指の動作

手を拇指および小指の方向へ運動させる動作と、指も同じ方向へ内転・外転動作する。

スイングには「振り払う動作」がある

水平面円運動は上述したように1～7の順に連鎖した活動順位で動作を起こしますが、肩甲骨すなわち肩関節の軌道を水平回転させる動作および、肩関節と手関節の更なる加速動作は、両上肢・クラブを鉛直方向へ「振り上げ・振り降ろす動作」に対応した、水平方向へ「振り払う動作」です。

手関節は2つの方向へコックされる

一般に、トップスイングへ向けて手関節が橈屈動作することが「コックの動作」と呼ばれます。この動作は、「振り上げる動作」の加速システムが一番最後に起こす動作です。スイングが2つの円運動ならば、「振り払う動作」の加速システムが一番最後に起こす動作もコックの動作ということになります。つまり、手関節の橈屈動作は鉛直面円運動のコックの動作であり、手関節の更なる加速動作は水平面円運動のコックの動作です。手関節は2つの方向へコックされます。

コックはダウンスイングで〝より深く〟なる

コックの動作は、手関節が可動域の限界まで動作されることです。したがって右利きの場合、トップスイングでは左手関節が最大橈屈位まで、右手関節が最大背屈位まで動作されねばなりません。このことは、トップスイングにおけるクラブの慣性力を、筋力ではなく関節の可動域の限界によって受け止めねばならないことを示しています。関節の可動域の限界は〝弾性〟を有するため、振り上げ・振り降ろす動作および振り払う動作を加速システムとして動作すると、円運動のより外側の軌道に必然的な遅れを生じます。ゆえに「ムチの運動」となるのです。

コックの動作は、双方のコックとも、ダウンスイングで〝より深く〟なります。つまり、軌道の半径が小さくなる時期がある。これは、2つの円運動が真円はおろか機械の加速システムとも異なる軌道を描くことを示しています。コックがより深くなるのは柔軟性を持った「ヒトの加速システム」ならではの現象であり、加速システムを形成する熟達したスイングの本質的な特徴の1つといえる。

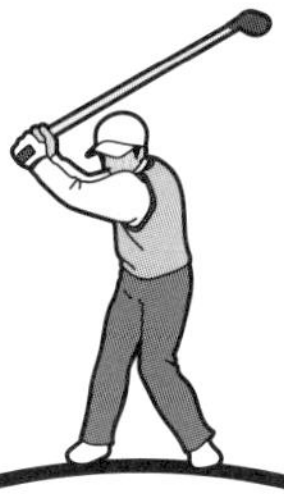

第2章

スイングの「軌道」を知る

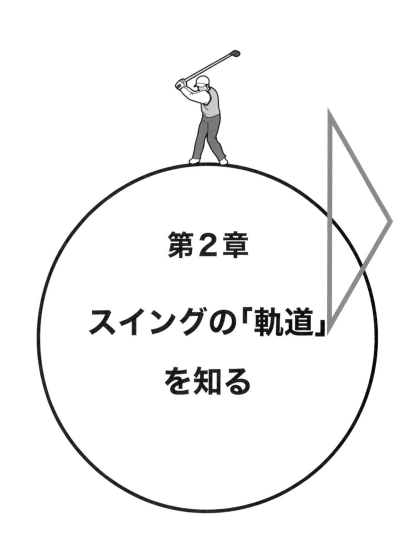

スイングの道しるべ

図4は、水平面円運動および鉛直面円運動を連続して表したものです。スイングは2つの円運動が組み合わされた運動ですから、双方の円運動を、「運動」として、移り変わる相として捉えねばなりません。そう捉えてはじめて、つまり、どのような相からどのような相へ移っていくかがわかってはじめて、スイングするうえでの「基準面」が構造化できます。道に迷わぬように、動作する方向・行き先を明確に指し示す――道しるべです。基準面の間を手・シャフト・ヘッドが往来する、と捉えることができます（図12）。

軌道はすべてを語る

今日の運動学習理論では、運動・動作の結果生じる軌道に関する情報は「結果の知識」と呼ばれ、学習の過程で重要な働きをします。その知識をフィードバックして動

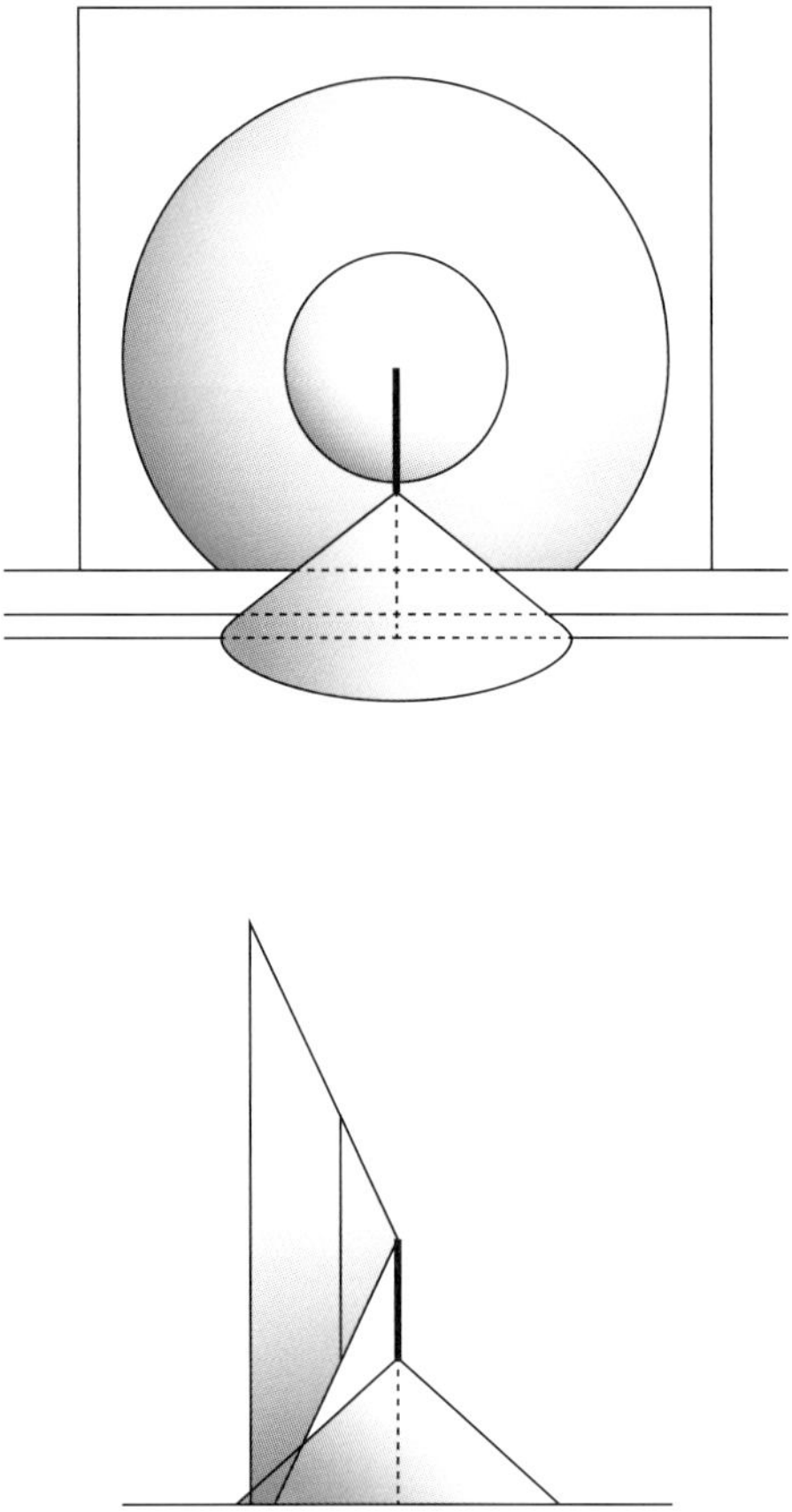

図12-a　基準面

「鉛直な円錐面」を水平回転させると、スイングのダイナミックな空間構造が見えてくる。アドレスおよびインパクトは「鉛直な平面」。

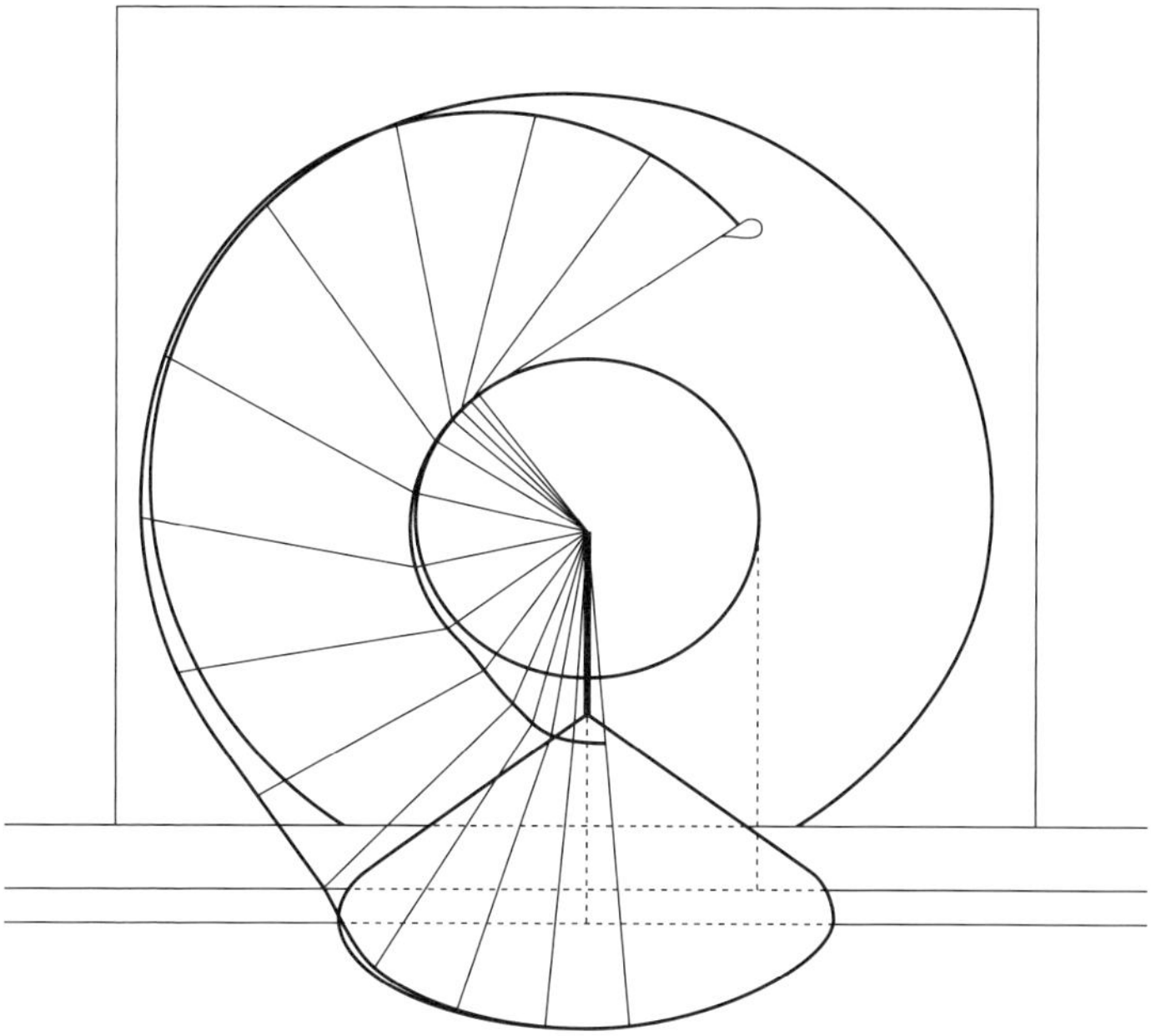

図12-b　バックスイングの軌跡

フル・スイングでは体の水平回転動作は通常90°以上動作されるので、そのときはトップスイングの円錐面は飛球線よりもやや右方向を向く。水平な円錐面に沿ってテイクバックされる。これは、振り上げる動作よりも水平回転動作の方が早く始動することを示す。基本動作の連鎖の鎖が、振り上げ・振り降ろす動作よりも水平回転動作の方が長いからだ。すなわち、加速システムの連鎖が、バックスイングの加速システムからフォワードスイングの加速システムへも連鎖されねばならないことを示す。

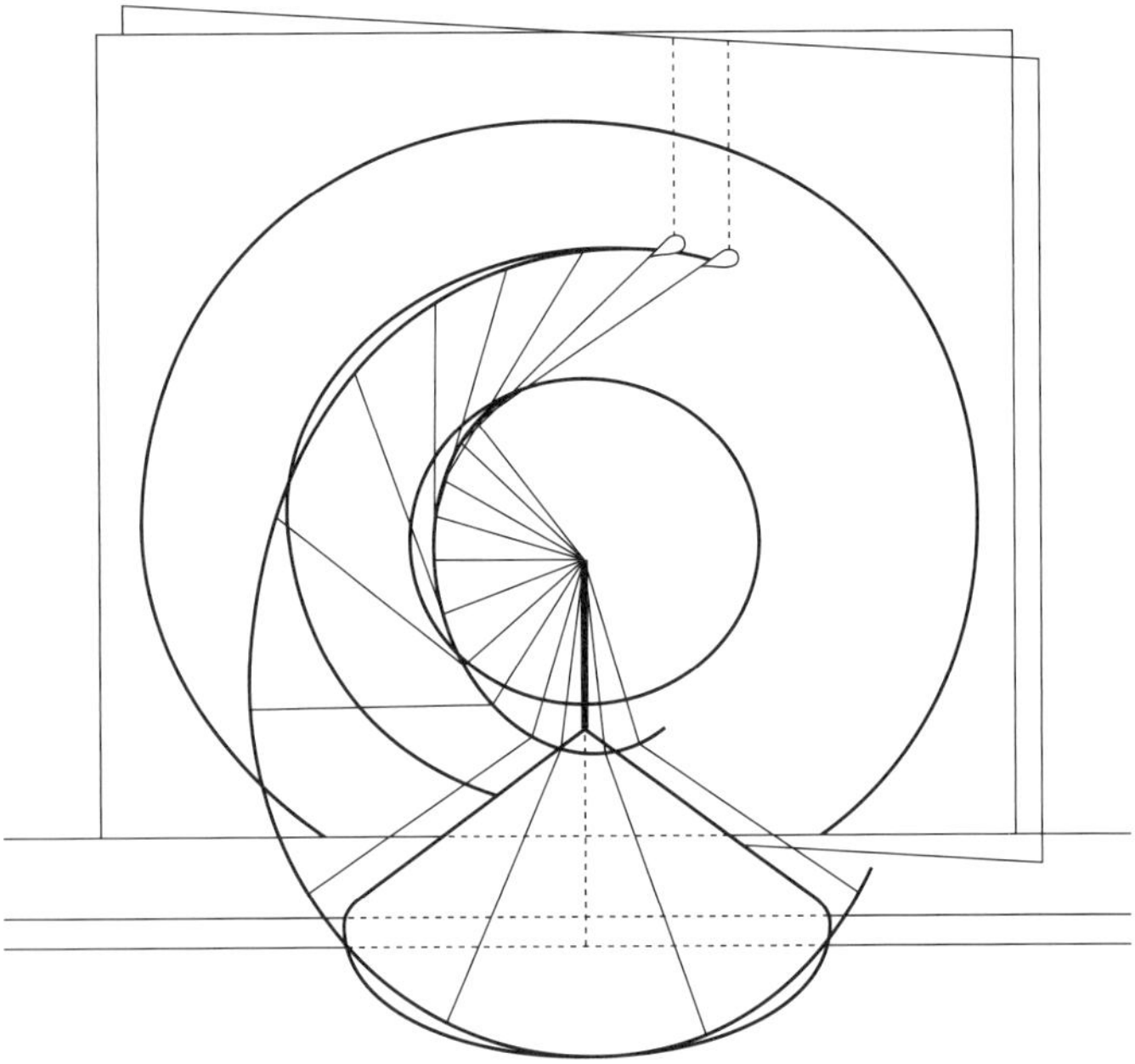

図12-c　ダウンスイングの軌跡

ヘッドははじめやや水平な動きをする。振り降ろす動作よりも水平回転動作の方が早く始動することを示す。

その後、より体に近い方向へ、より左方向へ圧縮される形の軌跡となる。

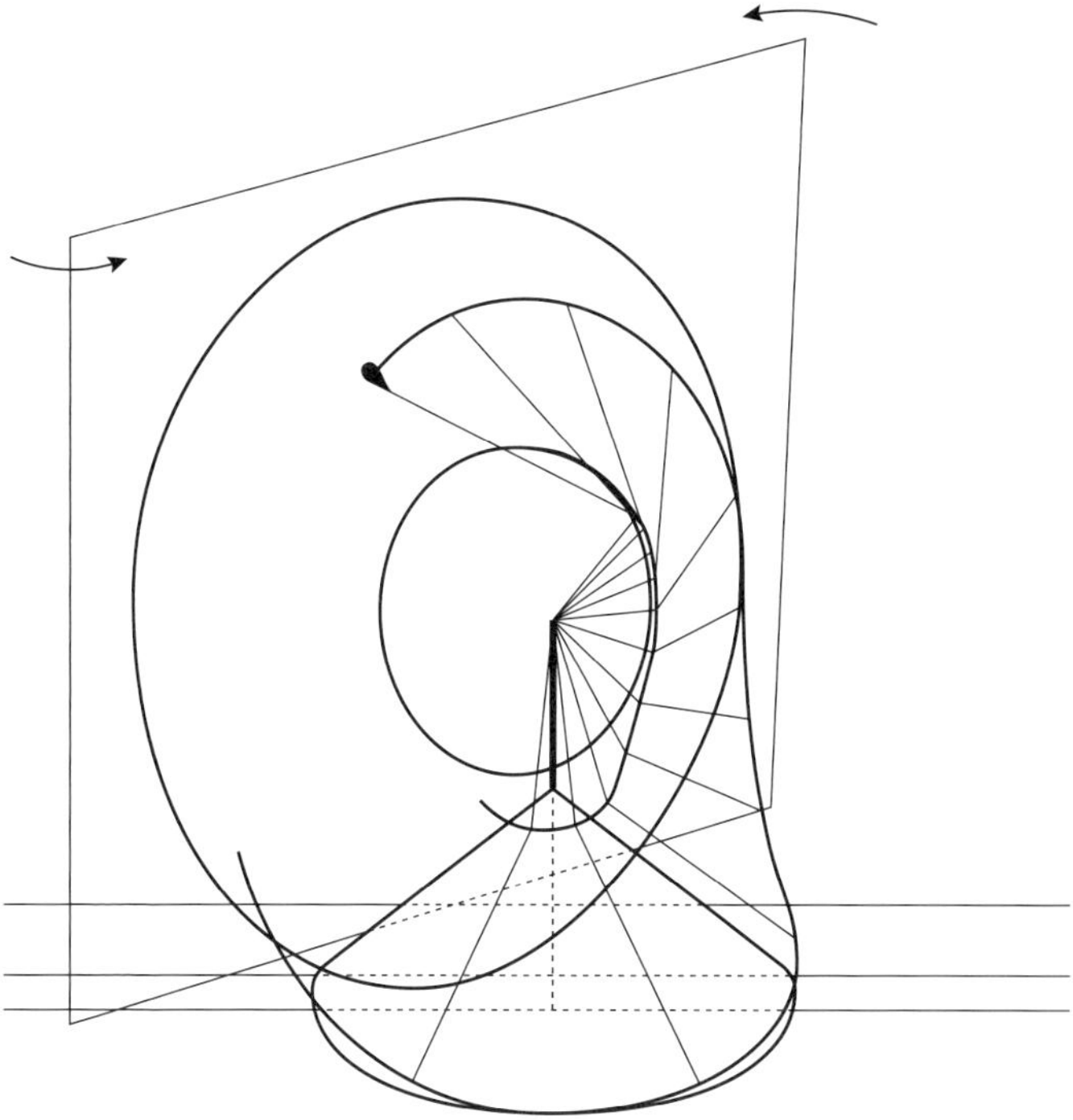

図12-d　フォロスルーの軌跡

水平な円錐面に沿って振り抜かれる。これは、フォロースルーでも水平回転動作し続ける（加速する）ことを示す。フィニッシュの円錐面は、左後方へ回転していきフィニッシュする。

作を修正したり、予測動作（軌道を予測して動作する）の知識としてフィードフォワードします。ですからスイングを上達するには、クラブ・ヘッドやクラブ・シャフトの軌道はもちろんのこと、個々の身体部位の軌道、つまりはフォームを、正しく理解しなければなりません。「軌道に関する情報」それは、スイングが〈どのような運動〉であるかを語り、それが〈どのような動作〉の結果であるかを語ります。大事なのは、自分が〈何をするのか〉を正しく入力することです。

スイングは「回転ブランコのラセン運動」

重力場の運動は、鉛直方向の運動は例外として、直線運動（慣性軌道）は放物線を描いて落下し、円運動（回転軌道）はラセンを描いて落下します。「ラセン運動」は、円運動の、重力場における運動形態です。

そこで、回転ブランコの中心点の高さの水平面から始動して加速回転する回転ブランコの運動を考えてみます。

中心点の高さの水平面からラセンを描いて落下したブランコは、回転の遠心力と落下の加速度とがバランスしたとき水平に円運動し、遠心力が落下の加速度を超えたとき上昇へ転じラセンを描いて上昇するでしょう（図13）。すなわち「回転ブランコのラセン運動」が、ニュートンの力学が予測するスイングの運動形態です。

スイングの回転方向

スイングするとき、どちら向きの回転でスイングするでしょうか。右利きのゴルファーは、右回り（時計回り）の回転でバックスイングし、左回り（反時計回り）の回転でフォワードスイングします。これは当たり前のことです。回転ブランコの鉛直軸は、バックスイングは右回りに回転し、フォワードスイングは左回りに回転します。

では、ブランコ、つまりクラブ・ヘッドはどちら向きの回転で運動するでしょうか？

回転ブランコの運動は、回転ブランコが左回りの回転で落下するとき（ダウンスイング）のラセン運動は、左回り（左巻き）のラセン運動です。ですが、同じ左回りの回転ブランコが上昇するとき（フォロースルー）は、ラセン運動の進行方向が反転し

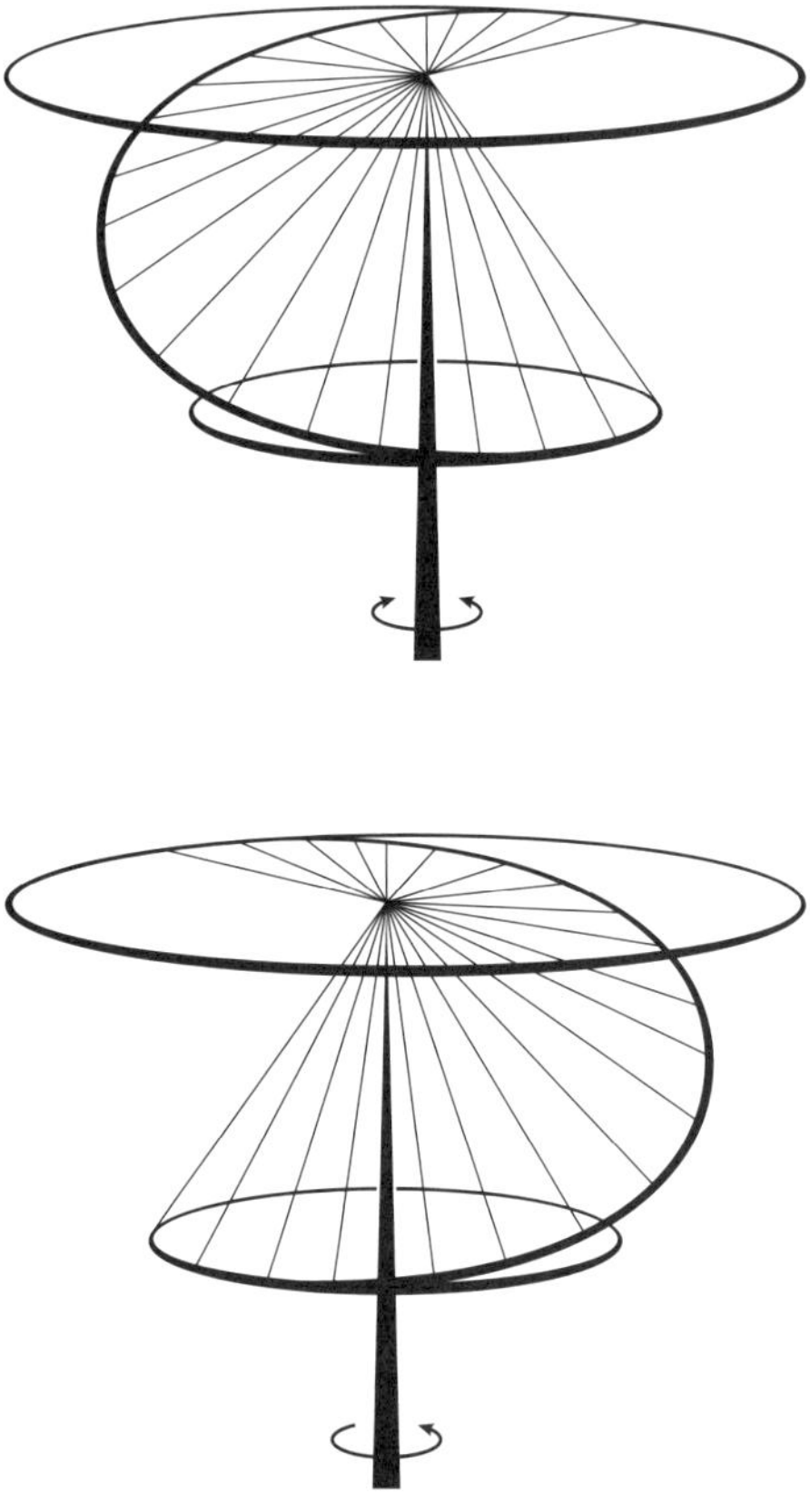

図13　回転ブランコのラセン運動

スイングは、左巻き（反時計回り）のラセン運動で上昇し、同じく左巻きのラセン運動で下降し、右巻き（時計回り）のラセン運動で上昇する。

て上へ向かうので右回り（右巻き）のラセン運動で上昇します。天と地がひっくり返る。そしてバックスイングに相当する右回りの回転ブランコが、左回り（左巻き）のラセン運動で上昇します。

つまりスイングでは、バックスイングもダウンスイングもラセン運動の回転方向は同じ方向であり、フォワードスイングの軌道の底点を境にラセン運動が回転の向きを反転します――ラセンが鏡像を作る。

巻貝のような竜巻運動

回転ブランコの水平面円運動の半径は、つねに鉛直面円運動が水平面に投影する半径の大きさで変化します。したがってスイングは、円運動の半径が規則性を持って変化しながら回転の軸方向へ進行する特殊なラセン運動であり、半径が大きさを変える点でいえば、巻貝の形をした竜巻運動と見ることができます。

スイングの竜巻は、地から起こり天へ届き、天から元の地へ戻り、ふたたび天へ届く。すなわち水平回転のラセン運動は、左巻き（反時計回り）のラセン運動で上昇し、同じく左巻きのラセン運動で下降し、右巻き（時計回り）のラセン運動で上昇します（図14）。

竜巻や渦潮は必ずしもラセンの進行方向が真っ直ぐではなく、ラセンの進行方向が曲がります。回転ブランコにおける鉛直方向の円運動は円運動自体が水平回転されるので、ラセンの進行方向が円を描きます。したがってこのときの竜巻は、鉛直回転の竜巻が横へ円を描いて水平に進行します。

すなわち「ダイナミック・スイング・プレーン」が指し示す鉛直回転のラセン運動は、中心点に自分がいるとして、右巻きのラセン運動で右後方へ円を描いて遠ざかり、同じく右巻きのラセン運動で――自分の方から見ると左回りに――自分の方へ近づき、左巻きのラセン運動で左後方へ円を描いて遠ざかります（図15）。

左右対称のラセン階段

スイングのラセン階段は、左右対称に交差するラセン階段です（図16）。

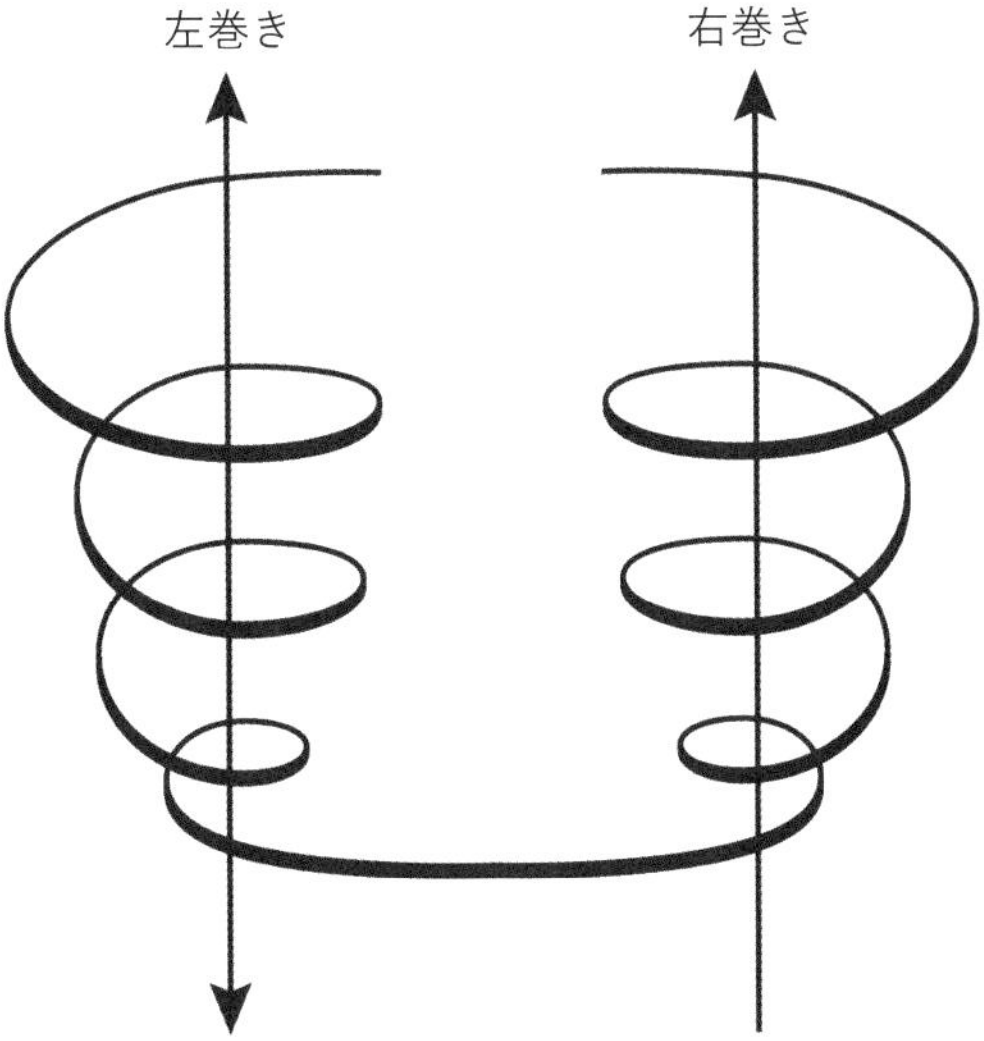

図14　水平回転の竜巻の回転方向

便宜上、鉛直軸を２本にして表しているが、水平回転の回転軸は１本の鉛直軸。

図15　鉛直回転の竜巻の回転方向

一見インパクトのように見える点は、胸骨上端の２つの円運動の中心点。ダウンスイングからフォロースルーへかけて手首〜前腕がいわゆる「ターン」していくのは、手首を「返す」からでも前腕を「回外・回内（いわば軸回転）する」からでもない。両上肢・クラブのラセン運動が軌道の底点（インパクト）を境に回転の向きを反転するからだ。手首〜前腕は「返す」のではなく「返る」のだ。

図16-a

バックスイングは、左巻きのラセン階段のできるだけ外側をゆるやかに加速するように昇る。折り返し点（トップ）からは、階段のできるだけ内側を転げ落ちるように駆け降りると遠心力で外側へもっていかれるが、そのまま一気に右巻きのラセン階段を更に加速するように駆け昇る。

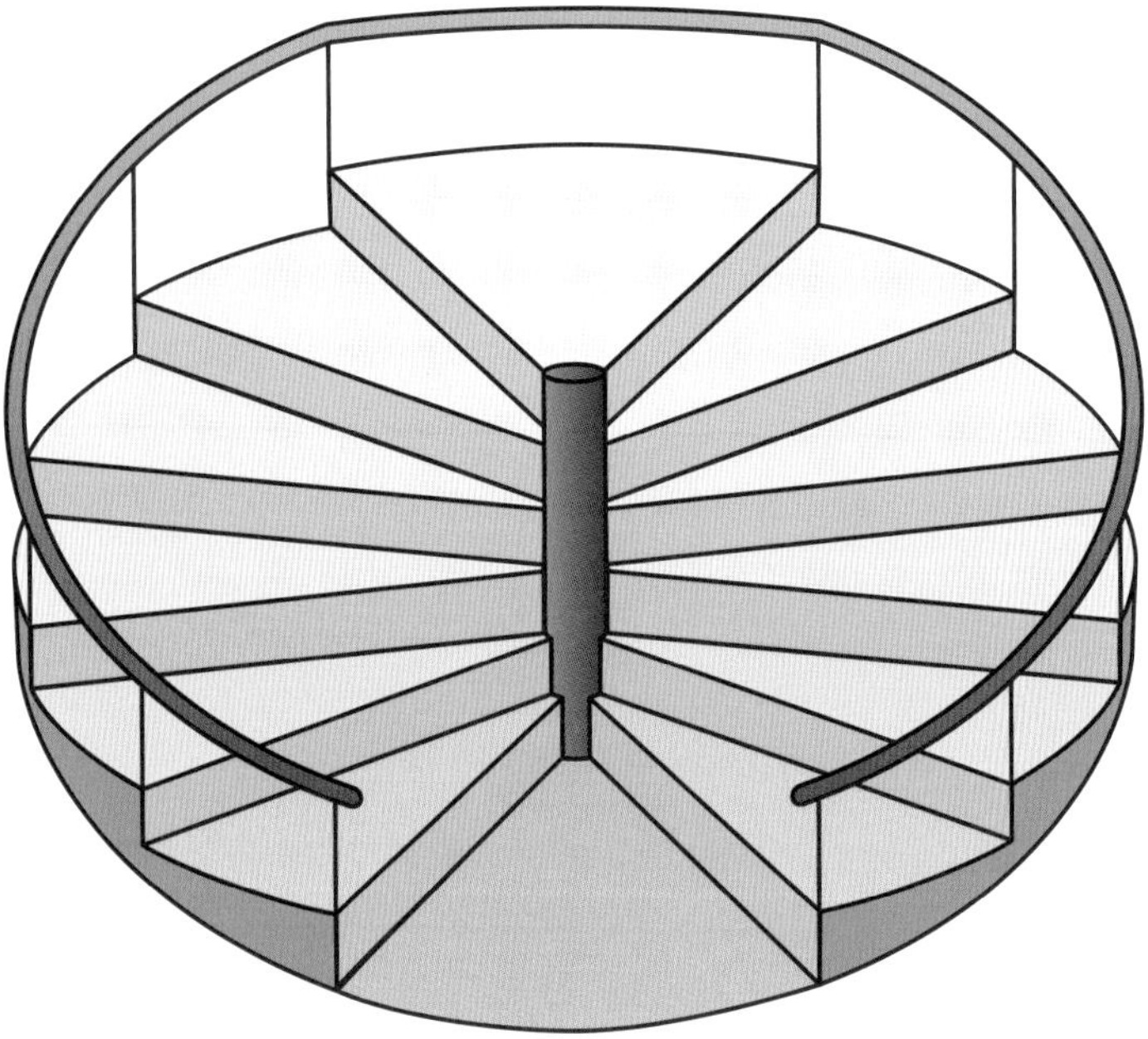

図16-b　左右対称のラセン階段

バックスイングもフォロースルーも、ラセン階段の交差点は通過点にすぎず、行き止まりの折り返し点まで、そして行き止まりの終点まで駆け昇る。

バックスイングは、左巻きのラセン階段のできるだけ外側をゆるやかに加速するように昇ります。行き止まりでUターンし、階段のできるだけ内側を転げ落ちるように駆け降りると遠心力で外側へもっていかれますが、そのまま一気に右巻きのラセン階段を更に加速するように駆け昇ります。

バックスイングもフォロースルーも、ラセン階段の交差点は通過点にすぎず、行き止まりの折り返し点まで、そして行き止まりの終点まで駆け昇ります。

スイングは〈ラセン運動〉です。左右非対称の運動です。ラセン運動が鏡面写しとなった〈左右非対称かつ左右対称の運動〉がスイングです。

誤解のないように、スイングはおおよそ左右対称とはいえるが、決して左右対称ではない。

「ラセン」を予測してスイングする

今日、一般に信奉されている「傾いた平面上の円運動」というスイング像は、クラブ・ヘッドが傾いた平面上に完全な形の「円」を描くのですから、美しいし、完璧であり、目指すべき理想像に思えます。しかし、ない（存在しない）ものを見るのは幻影を見ることにほかなりません。「円」というのは概念でしかなく、「円」の定まった角速度の回転という〝円運動の概念の魔力〟は、かのコペルニクスをも捕らえて離しませんでした。

理想のスイングをよく観察してみてください。「ラセン」が見えてきます。自分の「ラセン軌道」をつかむ必要があります。「円」ではなく――「ラセン」を予測してスイングしなければなりません。

第3章

スイングに起こる事態を「予測」する

スイングの基本構造を「2軸性、3次元の運動」すなわち「回転ブランコの運動」とする理論は、演繹的に（必然的に導かれる）スイング中のいろいろな事態を予測します。

ダイナミック・スイング・プレーン

「スイング・プレーン」と呼べる平面は、2つの円運動が運動する平面のほかにはありません。鉛直軸および水平軸による2つの円運動は、それぞれの運動面が経時的に位置を変える。いわば「ダイナミック・スイング・プレーン」が手やヘッドの軌道を指し示します（図2）。

テイクバックの目印

アドレスから始動直後は、水平回転の遠心力はゼロからのスタートなので、重力がクラブ・ヘッドを下降させようとする。ヘッドを浮かしてアドレスすれば、その姿勢から始動できます。水平回転の始動によって手・シャフト・ヘッドは「水平な円錐面」に沿って運動するようにテイクバックされるが、水平回転の加速とともに増大する遠心力がヘッドや両上肢を上昇させるように働きます（図17）。

2つの円運動の同調

2つの方向への加速システムをバランスした角速度で動作しないと、クラブ・ヘッドはインパクト時に正しい位置を水平な軌道で通過することができない。「水平回転動作」を加速するほど「振り降ろす動作」も加速しなければなりません。

2つの円運動の連携

水平回転の加速が大きいほど、その遠心力によって「鉛直面のコック」は急激にほ

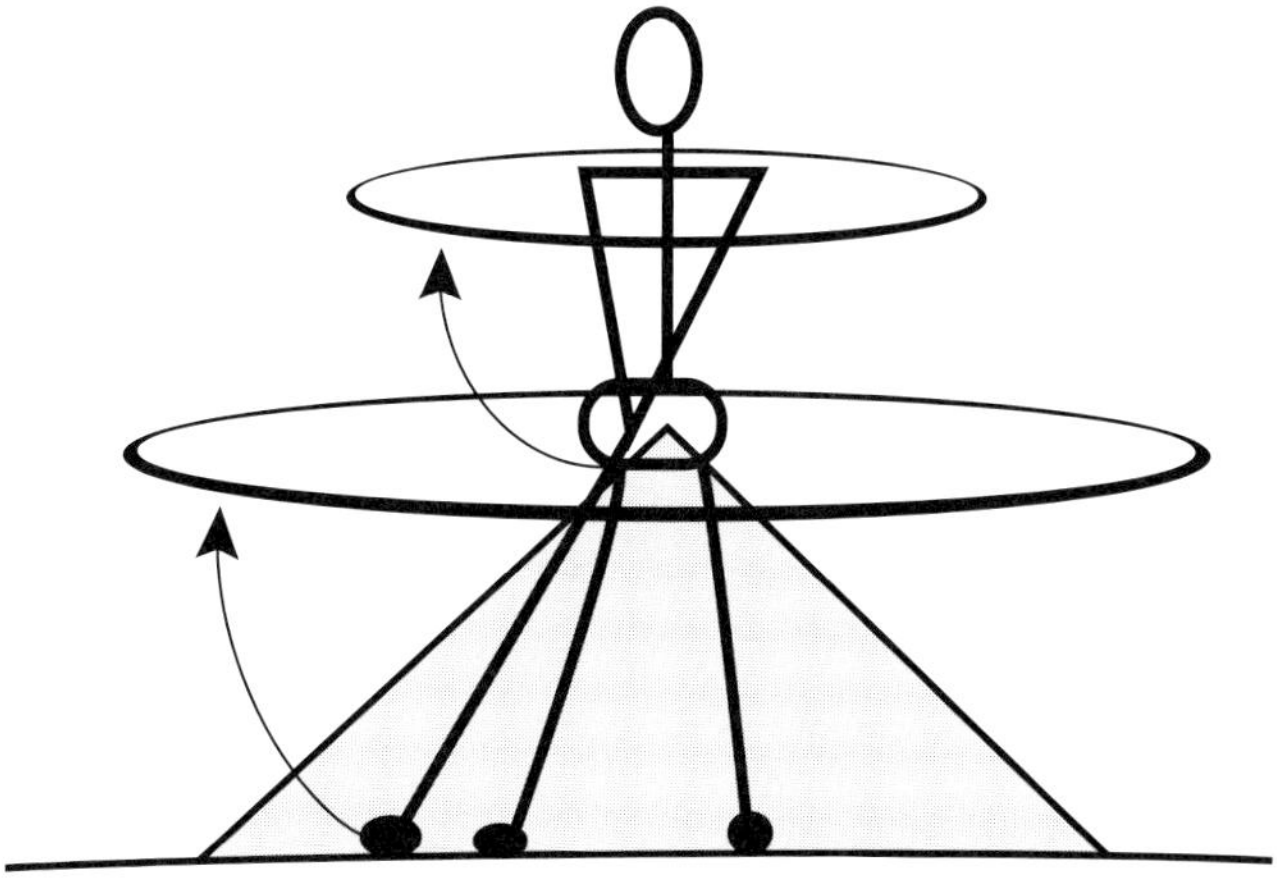

図17

バックスイングでも、水平回転の遠心力がヘッドと両上肢を上昇させるように働く。加速システムとしてバックスイングするには、より大地から遠い部位は、はじめ何もしてはならない。すべてを、より大地に近い部位の水平回転動作にまかせればおのずとテイクバックされる。

どくことができる。また、振り降ろす加速が大きいほど、その遠心力によって「水平面のコック」は急激にほどくことができる。これは、コックを「ほどく」意識を捨てることが、すなわちコックが「ほどかれる」ことを覚えることであり、おのずと「しっかり水平回転動作しながら、しっかり振り降ろす動作」を獲得することを示しています。

フォロースルーの目印

インパクトの後、手・シャフト・ヘッドは「水平な円錐面」に沿って運動しようとするが、フォロースルーの前半では水平回転の遠心力がヘッドや両上肢を上昇させるように働きます。つまり、「水平な円錐面」に沿って振り抜こうとすべきですが、実際には円錐面に沿って運動しません（図18）。

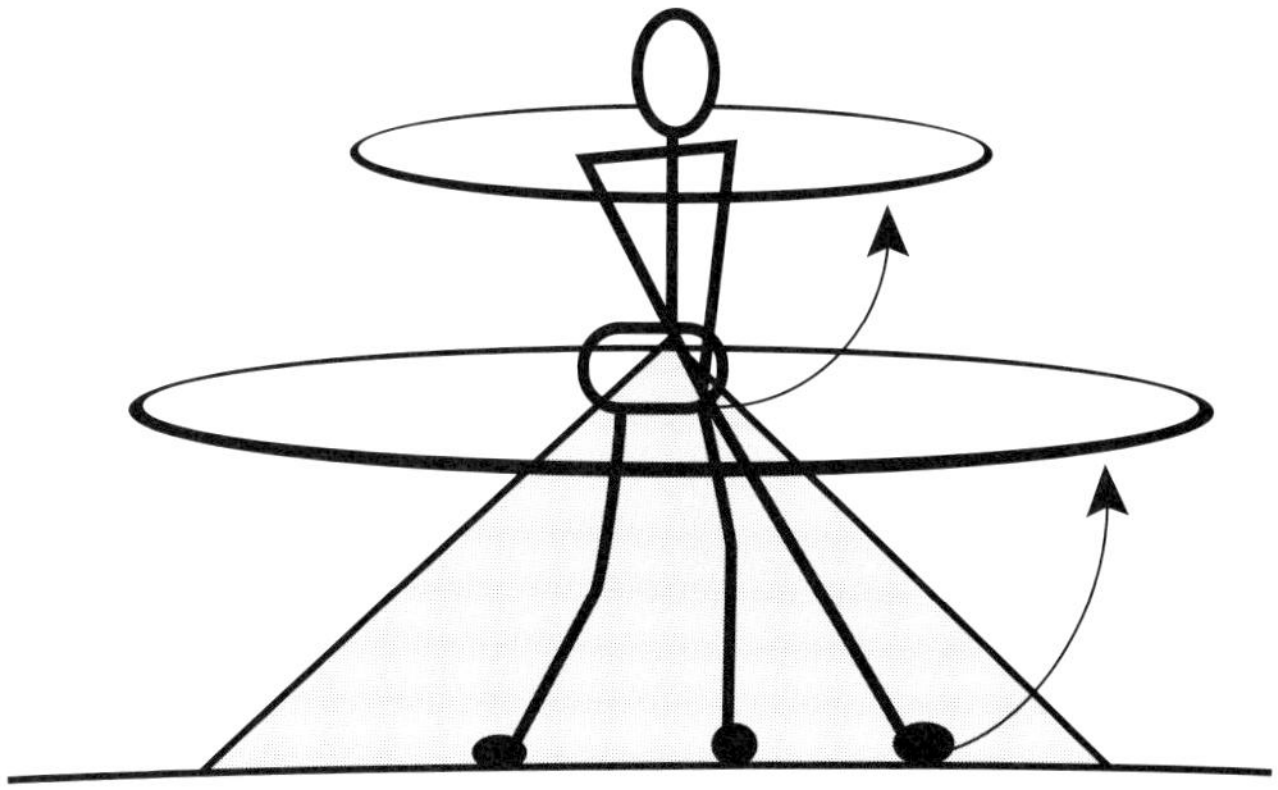

図18

フォロースルーでも、水平回転の遠心力がヘッドと両上肢を上昇させるように働く。「水平な円錐面」に沿って振り抜こうとすることが、水平回転動作し続ける（加速する）ことだ。ヘッドや上肢はおのずと上昇する。

クラブ・フェイスの向きの運命

「水平回転動作」の加速が不足すると、クラブ・フェイスは閉じてインパクトします。また、「振り降ろす動作」の加速が不足すると、クラブ・フェイスは開いてインパクトします。

両上肢・クラブは回旋動作しない

両上肢・クラブは回旋動作しない。クラブ・フェイスは、水平回転されながら、肩関節の更なる加速動作が動作されるのではじめやや下を向くようにバックスイングされ、振り上げる動作の進行とともにあたかも回旋動作するように必然的に上を向いていく。

ダウンスイング初期のシャフトの挙動

「切り返し」からダウンスイングの初期のシャフトは、バックスイングのときよりも水平（フラット）な動きをする。

大地に近い部位から始動する

加速システムは、基本動作の「活動順位」を間違えると破綻しヘッドを効果的に加速できない。バックスイングもフォワードスイングも、大地に近い部位の順に始動せねばなりません。

２つのブランコの脚

アドレス時に、２つの円運動の中心点を鉛直軸から「右前方へ外れた位置」にセットすると、フォワードスイングの加速システムに、より大きい助走距離を与えることができる。これは、２つの円運動すなわち２つのブランコ――鉛直方向へ振られるブランコと水平方向へ振られるブランコ――を、左足・左脚が浮き上がるほど振るということであり、双方のブランコは「切り返し」において右足・右脚がしっかり動作して左足・左脚を着地させ、中心点を鉛直軸の位置へ戻さねばなりません（図19）。

ワンピースのテイクバック

テイクバックでは、（肩も）両上肢・クラブは動作を起こしてはなりません。水平回転動作の加速システムは、大地に近い部位が始動すると、それより大地から遠い部位も必然的にすべて回転する。

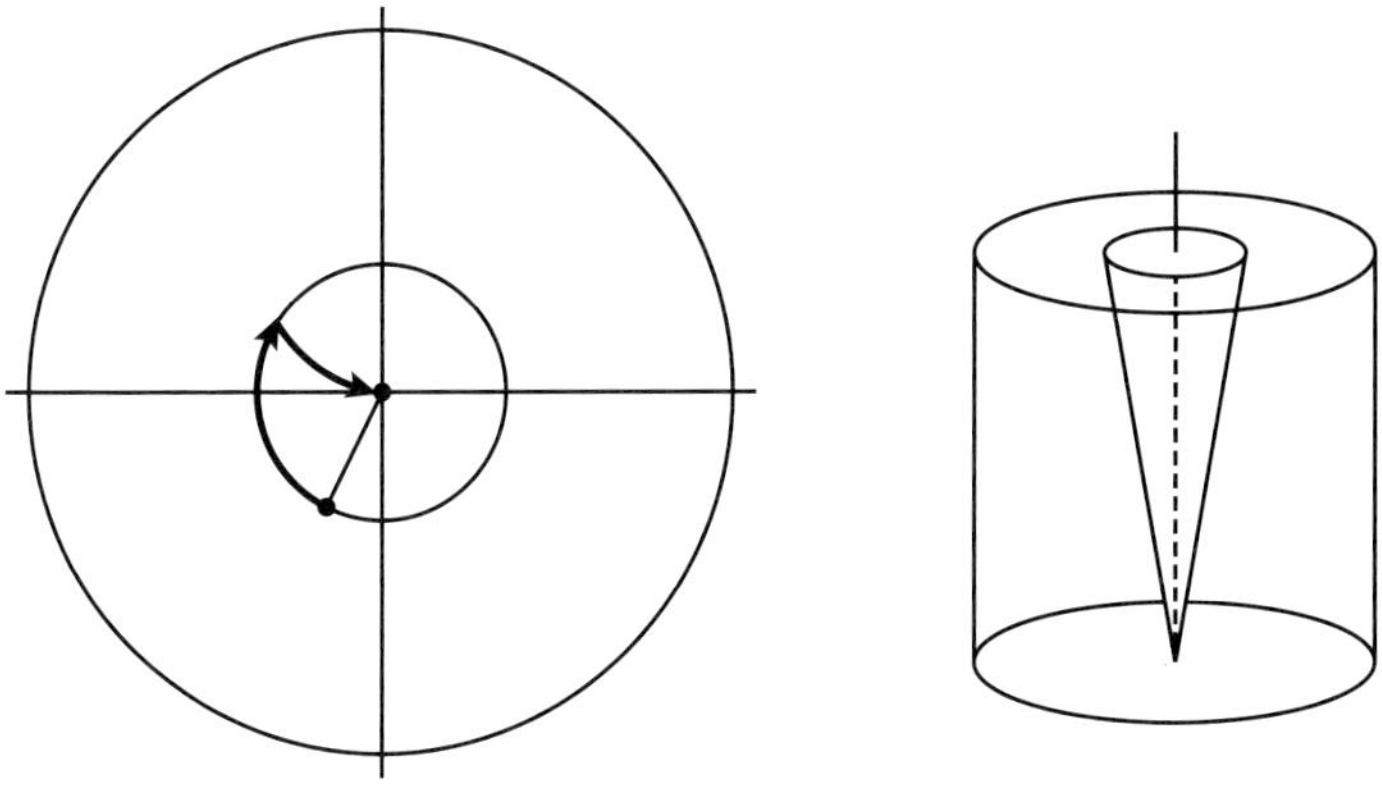

図19　中心点の挙動

アドレスで２つの円運動の中心点を鉛直軸から「右前方へ外れた位置」にセットすると、中心点は水平回転の軌道となって右後方へ円を描いて進む。左足・左脚のヒールダウンとともに本来の位置に収まり、より長い助走距離の水平回転が効果的に加速する。

つまりワンピースにテイクバックするというのは、加速システムとして始動することであり、大地に近い部位が始動してもそれより大地から遠い部位がまだ「何もしない」ということです。

逆くの字型のトップスイング

アドレス時に2つの円運動の中心点を鉛直軸から「右前方へ外れた位置」にセットすると、2つの円運動の中心点は水平回転の軌道となって右後方へ円を描いて進む（図19）。したがってアドレス時に前傾して構えた背柱も、骨盤の水平回転がほぼ45°動作されるので前傾した背柱そのものがほぼ45°右後方へ回転していく。ゆえに「逆くの字型」のトップスイングとなる（図20）。

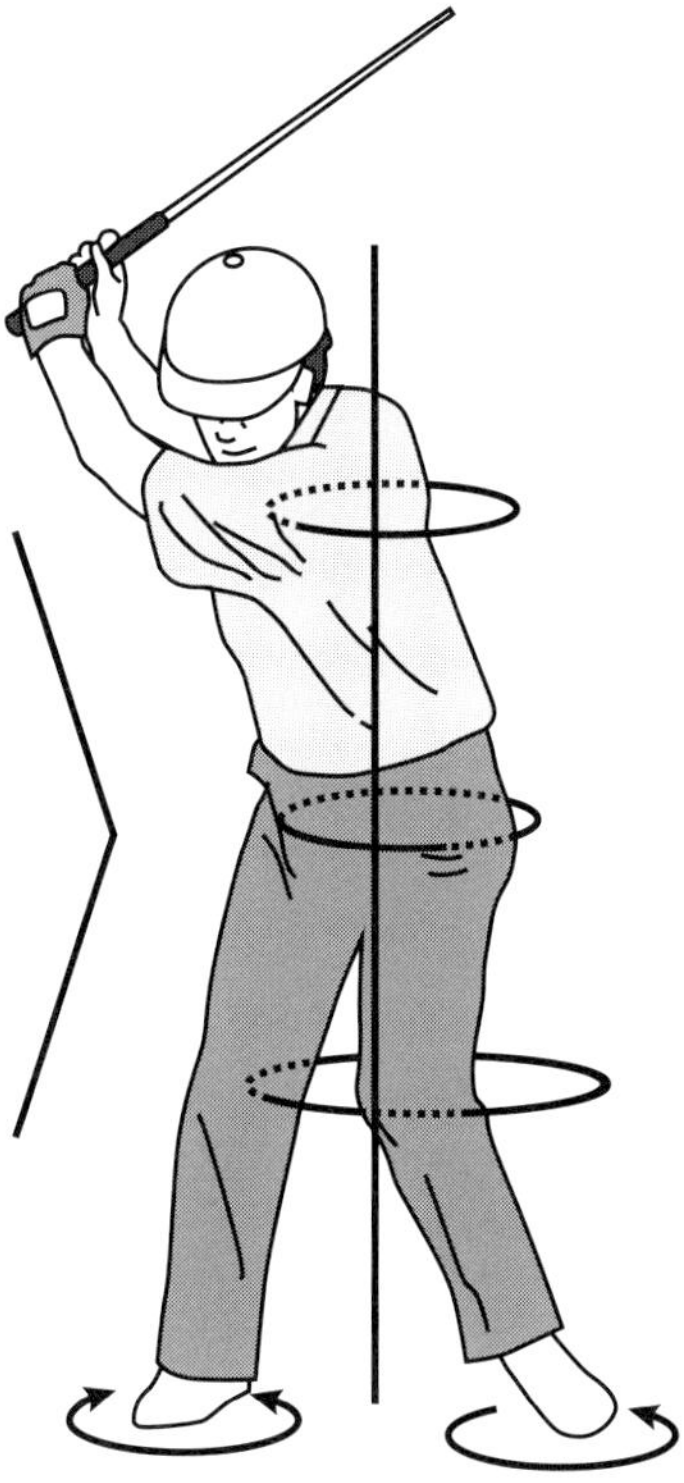

図20　逆くの字型のトップスイング

下から上への順に起こされるのが力学的な原則。切り返しの要は「右足首を回す動作」だ。この動作が一番はじめに起こされ水平回転を反転する。

左脇は締めて、右脇は空ける

右肘をある程度挙上するようにバックスイングしないと、トップスイングで右手関節が最大背屈位をとれない。また、左脇を締めるようにバックスイングしないと、左手関節が最大橈屈位をとれない。すなわちトップスイングでのコックが不十分となる。トップスイングにおける上肢やクラブの慣性力を筋力ではなく関節の可動域の限界によって受け止めなければ、加速システムとして正しい活動順位で切り返すことができません。

左肩関節で上肢が内転位をとる（左脇を締める）と、左上肢の挙上が制動される。制動されるから、左上肢を振り上げる動作が適切なトップスイングの位置で可動域の限界に達することができ、コックの動作も適切なトップスイングの位置で可動域の限界に達することができます。

足から始動して、肩から始動する

バックスイングの始動は、両足の回転動作すなわち「左足の外転動作および右足の内転動作」と、そして「両肩を引き上げる動作」です。フォワードスイングの始動は、「右足の外転・外反動作」と、そして「両肩を引き降ろす動作」です。「外反動作」は足の外側を浮かそうとする動作です（図21）。踵を浮かそうとする動作ではない。

アドレスでは右膝を締める

アドレスでは右膝を内側へ締めて、右足の外側はやや浮かす（外反する）ようにセットする。つまり鉛直面のブランコの脚の〝傾き〟をセットします。そしてヒールダウンした左足・左脚は、左膝が目標方向へ流れないように、左足の内側はできるだけ浮き上がらないように動作します。つまり鉛直面のブランコの左足・左脚として機能する。

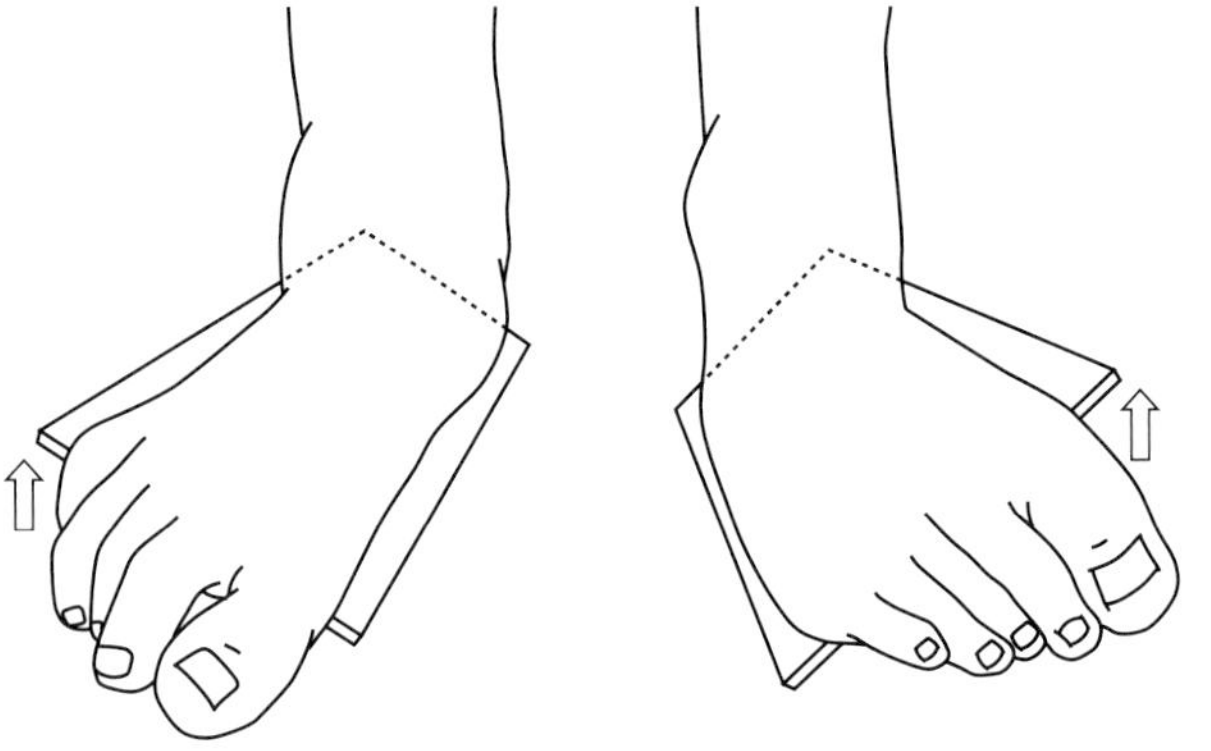

図21

右足の外反動作がブランコの右脚
左足の外反動作がブランコの左脚

アドレスでの右足の向き

アドレスでの「右足の向き」は、バックスイングにおける水平回転動作の大地に対する運動域の限界を決定する。一般に運動域を大きくとる大きいクラブと運動域を小さくとる小さいクラブとでは、アドレス時に右足の向きを調整するのが理に適います。右足の内転動作および右股関節での大腿の内旋動作の可動域の限界が、水平面のブランコの右足・右脚です。他方、水平面のブランコの左足・左脚の役割は、2つのブランコ運動が終了したとき水平回転を目標方向へ戻すことです。そのとき、2つのブランコはブランコの正面が目標方向を指し、左脚一本で立つ。

正しく切り返す条件

大地に近い部位から始動した動作は、より大地から遠い部位が切り返しへ向け動作を停止する前に、より大地に近い部位の動作、すなわちより早期に活動を起こした動作はより早期に活動を停止して、より早期にフォワードスイングの動作を始動します。つまり、それぞれの基本動作は正しい「活動順位」で動作を起こし、切り返しへ向け正しい「停止順位」で活動を停止し、正しい「活動順位」でフォワードスイングの動作を起こします。

以上は、バックスイングを正しく反転するための必要条件であり、「切り返し」を正しく動作することと「スイング」を正しく動作することとは、基本動作のONとOFFの条件としては同じです。正しく切り返さないかぎり正しくスイングできません。

この条件を満たすことは、それぞれの基本動作の間および、おのおのの基本動作における動筋（運動を起こす筋肉）と拮抗筋（動筋の逆の働きをする筋肉）との間で「約束」すなわち「ルール」が出来上がったことを意味する。

それぞれの基本動作間の約束は、「活動開始順位と活動停止順位を守る」というルールです。

おのおのの基本動作の動筋と拮抗筋間の約束は、「動筋が活動を停止しなければ、拮抗筋は活動を起こさない」というルールです。動筋と拮抗筋が同時に活動するのは、肢位を保とうとするときです。すなわち「力み」であり「ブレーキ」と言うほかありません。

後者の「約束」が破られる、あるいは「約束」ができてないとすると、基本動作が可動域の限界まで動作できないか、たとえ可動域の限界まで動作できたとしても前者の「約束」が守れない。

段階的に筋力アップする

バックスイングおよびフォワードスイングの進行とともに、早期に始動した動作の順に動作する筋力を段階的に増大させていきます。これもスイングを正しく動作するための必要条件です。

この条件を満たすことは、それぞれの基本動作が動作を遂行するなかで、おのおのの基本動作が自らを律して守らねばならない「ルール」すなわち「約束」が出来上がったことを意味する。基本動作が自らに課すべきこの「ルール」ができてなかったり、「約束」が破られたとき加速システムは破綻します（図22）。

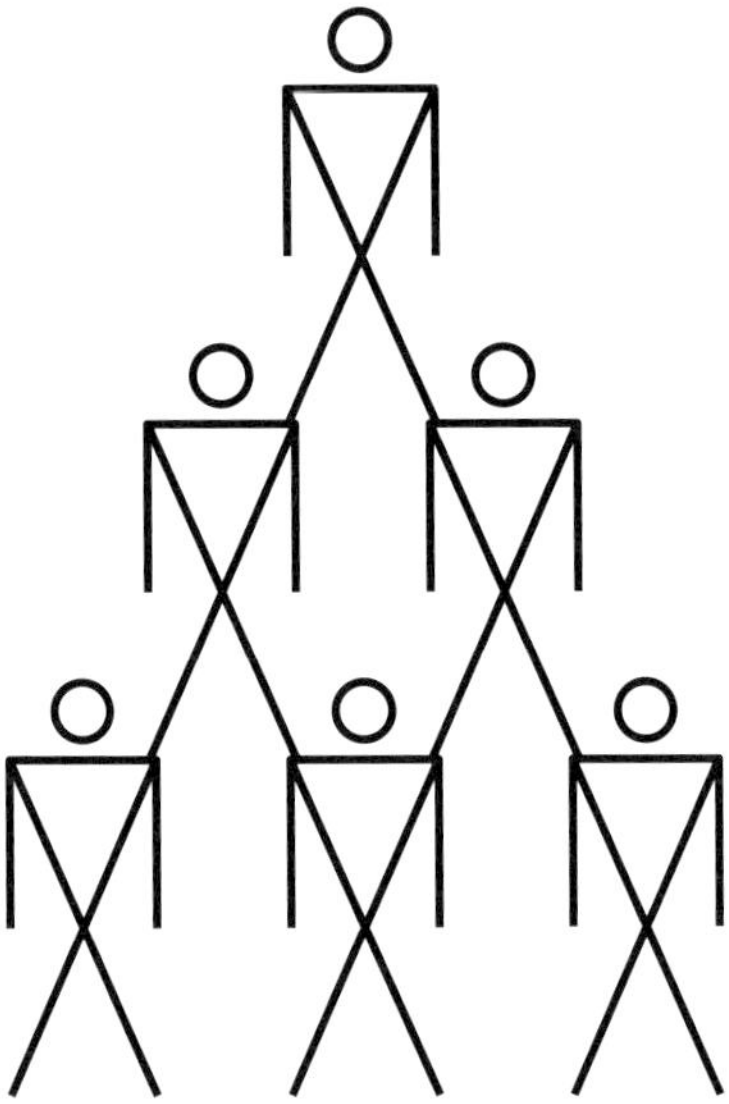

図22　人間ピラミッド

人間ピラミッド上で、２段目の２人が上に１人を乗せたまま跳躍動作するとする。このとき、下の段の３人にはそれまでよりも更に大きな力が加わる。したがって下の段の３人は、それまでよりも大きな力を発揮して跳躍動作を支えなければピラミッドは壊れてしまう。

一番上の段の１人が跳躍動作するとする。このときには、２段目の２人にも一番下の段の３人にもそれまでよりも更に大きな力が加わる。つまり、跳躍動作する人よりも下の段の人たちは、それまでよりも大きな力を発揮して跳躍動作を支えなければピラミッドは壊れてしまう。

ピラミッドが「加速システム」として一番上の段の１人をより高く上昇させるには、一番下の段の３人がそれより上の段を持ち上げながら(加速しながら)、２段目の２人は自身が加速されながら一番上の段の１人を持ち上げ（更に加速し)、一番上の段が跳躍動作すればよい。

インパクト後も筋力アップする

基本動作が自らの筋力を増大させていくのは、自身よりも大地から遠い部位が「更に加速する動作」を起こすからです。段階的に起こされる「更に加速する動作」を、段階毎に、その動作よりも大地に近いすべての部位が支えねばならないからです。

加速システムにおける一番最後の動作は、コックをほどく動作です。したがって加速システムとしては、コックをほどく動作を支えてやればコックの動作よりも大地に近い部位は自身の「支持する役割」を終了します。しかし実際的には、加速システムを構成するすべての基本動作が果たすべき、最後のもう1つの「支持する役割」が残っている、というべきです。すべての基本動作は、スイングにおける真に一番最後に支持する役割として、インパクトして「ボールをリリースする」という役割を完遂せねばなりません。インパクトは〝点〟ではないということです。

インパクトしてボールが飛び出すのは、ヘッドとボールの単なる衝突の結果ではありません。「衝突」では、運動量保存の法則 $m_1 \cdot v_1 + m_2 \cdot v_2 = m_1 \cdot v_1' + m_2 \cdot v_2'$（m：質量、v：速度）の関係が成り立ちます。ヘッドの運動量の一部がボールの運動量へ移るという関係であり、衝突前と衝突後の運動量は保存されます。ヘッドの運動量はボールへ移った分が減少する。

　高速度撮影によるインパクトの観察では、インパクトしてリリースされるまでの間に〝時間〟が存在します。力積$F \cdot t = m \cdot v' - m \cdot v$（F：力の大きさ、t：時間、m：質量、v：速度）の関係は、インパクトしてリリースするまですべての基本動作がヘッドの運動を支えヘッドに運動量を補給することによって、ボールへより大きい運動量を与えることができることを示しています。

第4章

上達を「工夫」する

運動プログラム獲得のためのドリル

クラブを持たずに両上肢を腕組みして体を回転させる「腕組み回転ドリル」は、体の回転動作の加速システム（運動プログラム・運動パターン）を獲得する訓練です。

腕組みは、いわば自身から両上肢・クラブを捨てることです。ボールを打たねばならないという強迫観念を払拭し〈大地に直立するヒト〉に戻ることです。安寧の自然体は、おのずと効果的な動作を選択します。また、腕組みは体の回転動作の半径を小さくすることでもある。回転半径の減少は慣性モーメント（回転能）を減少させ、おのずとスピーディな水平回転動作を獲得します。

「水平素振り」は、体の回転動作および、これに連鎖する振り払う動作の運動プログラムを獲得するドリルです。

上段に振り上げ・振り降ろす「剣道の素振り」は、振り上げ・振り降ろす動作の運動プログラムを獲得するドリルです。

有効に機能する情報を選択する

スイングを上達するうえで「軌道に関する情報」は重要です。軌道に関する正しい情報は上達を促進するし、誤った情報は上達を阻害します。

正しい情報も誤った情報もあります。物事を公正に伝えるものも、偏見や妄信、思い込みや考え違いを伝えるものもあります。正しいとも誤っているとも原理的に判定不可能な情報もある。いろいろな意見やさまざまな見解があります。

決定的に重要なのは、情報が有効に機能することです。スイングするのは「自分」ですから、自分が見極めるしかありません。取るべきは取り、捨てるべきは捨てる。役に立つものは何でも利用する、役に立たないものは捨てる、自分の「メガネ」が必要です。

上述のドリルすなわち、動作を分けて訓練する方法は「部分法」と呼ばれ、部分の強化あるいは運動プログラムの獲得を目的に行われます。運動学習では、「全体法」と「部分法」を組み合わせて練習すると効果が上がるといわれています。

日本流スイングの原点

スイングを一言でいうと「しっかり水平回転動作しながら、しっかり振り降ろす動作」であり、それはわが国のゴルフの礎を築いた日本流の見方・考え方にほかなりません。

「体は横に回し、クラブは縦に振る」（『ゴルフ新水平打法』橘田規）は、知る人ぞ知る日本流ゴルフの原点であり、古き良き教科書です。そうした伝統的な土壌がゴルファーを育てわが国のゴルフを高めたのは、「水平打法」が動作する方向（運動方向）を明確に指し示すからです。

運動方向の決定は、運動パターンの選択、すなわち加速システムを構成する基本動作を共同して行う共同筋群の組み合わせが定まることです。2つの円運動をしっかり、加速システムとして動作せねばなりません。

「どのようにするか」を知っていく

出来上がったものや、たとえ部品を知ったとしても、すべてを知ったことにはなりません。完成したものを分解してみる。分解し、組み立ててみる。製品を分解することとは簡単です。しかしそれを組み立て完成させることは易しくありません。部品の組み合わせ方や組み立て方といった「方法の知識」(技術)を必要とするからです。

運動学習では、〈何をするのか〉を知ることからはじまり、〈どのようにするのか〉を知ることへの段階的な移行が起こります。運動の学習が進むほど、上達するほど運動・動作のやり方、すなわち「方法の知識」を獲得していきます。

遠心力を利用する

いわゆる「タメ」は「力を溜める」ことですが、スイングでは「角度を溜める」のです。水平面のコックも鉛直面のコックも、コックは双方の加速システムにおいてできるだけ保たれ（タメられ）、インパクトへ向けて急激に増大する遠心力 $F=m \cdot r \cdot \omega^2$（F：遠心力、m：質量、r：半径、ω：角速度）が加担して一気にほどかれるからヘッドは効果的に加速します。

水平回転の遠心力が鉛直面のコックを、振り降ろす動作の遠心力が水平面のコックをほどきます。コックはほどかれるもの。しっかり水平回転動作しながら、しっかり振り降ろします。

遠心力を確認しておく

実際にクラブを握って、剣道の正眼の構えからの水平回転動作が「鉛直面のコック」をほどくことを確かめてみましょう。水平回転を加速すると鉛直面のコックは必然的にほどかれます。このことは、ダウンスイングで鉛直面のコックが保たれるのが単に手関節が肢位を保つからではないことを示しています。

もう1つの実験は、両上肢・クラブを振り降ろす動作です。「水平面のコック」を動作した状態で——手とヘッドを異なる鉛直面において——真上から真下へしっかり振り降ろしてみましょう。ヘッドが水平方向へも運動することが確認できます。ただし実験は、手首を痛めないように、柔らかい土の上で試してください。水平面のコックも、振り降ろす動作を加速すると必然的にほどかれます。つまり、スイングは2つの円運動によってヘッドを水平方向へ加速している。いわば2馬力の動作ということになります。

もう1つ確かめておきたいことがあります。

アドレスの構えから、両上肢・クラブを振り上げる動作を起こさず、水平回転動作だけをバックスイングもしくはフォロースルーの方向へしっかり加速してみましょう。ヘッドが浮き上がる。このことは、「水平な円錐面」に沿って振り抜こうとしても両上肢・クラブが必然的に上昇することを示しています。

スイングの本質を身につける「エッセンス・ドリル」

水平回転の遠心力は、鉛直面のコックをほどくように働きます。なので両上肢・クラブを振り降ろす動作は、水平回転の遠心力が働くなかで加速システムを形成せねばならない、つまり鉛直面のコックが〝より深く〟ならねばなりません。自分が生む遠心力に自分が勝たねばなりません。水平回転動作しながら鉛直面のコックを〝より深く〟する動作を訓練する必要があります。

この動作は、水平方向への動作のドリルと鉛直方向への動作のドリルの合成型のドリルであり、スイングの最も重要な要素（エッセンス）を抽出したドリル――「エッセンス・ドリル」です。スイングの〈本質的な特徴〉を訓練します。

エッセンス・ドリルでは、立ったシャフトが（ヘッドも）自分の方へ凸の〝逆向きの弧〟を描きます。

スイングに潜在する情報「逆向きの弧」

「逆向きの弧」、信じられないような軌道ですが、しかし当然のことというべきです。

2つの円運動は共に「加速システム」として動作されます。そして柔軟性を有するヒトの加速システムでは、コックがより深くなるので、円運動の半径が小さくなる時期がある。2つの円運動のおのおのの軌道は、円弧が〝陥凹する〟時期があって然るべきです。

しかしながら、実際のスイングはシャフトもヘッドも逆向きの弧は描かない。スイングの軌道はどう見ても外向きの弧です。

つまり、「逆向きの弧」はスイング動作上の手続きに埋め込まれた知識であり、それを見えるかたちに表象し直し、再表象化したのがエッセンス・ドリルです。

——もし重力が働く状況／ならば重力にバランスせよと、もし遠心力が働く状況／ならば遠心力にバランスせよと、無意識に、条件反射的に、私たちは「約束」を守ってスイングしています。

2つの円運動のスイング・モデル

2つの円運動は、共に加速システムとして動作されます。加速システムを大きく捉えて両上肢・クラブを2つのレバーと見なせば、加速システムは「ツーレバー・システム」に単純化できます。

図23のはじめの図は、ツーレバーの回転ブランコが水平回転している過程で「鉛直

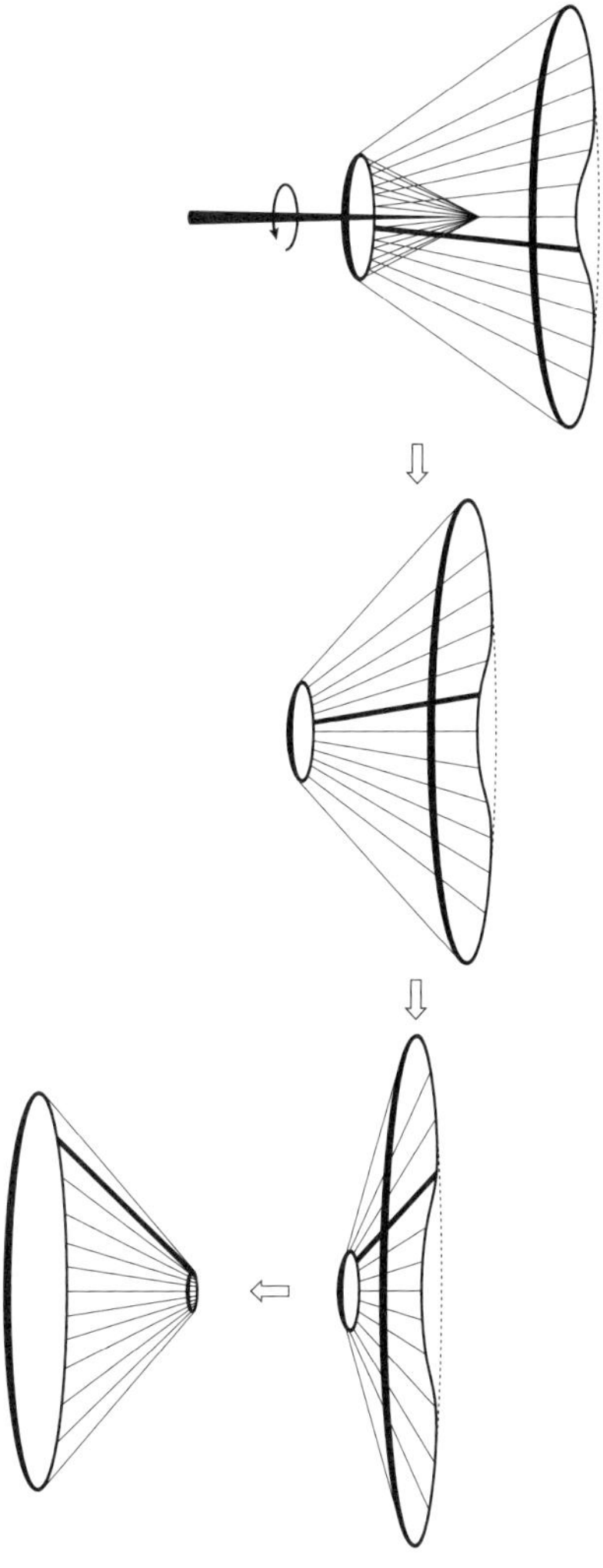

図23　ツーレバーの回転ブランコ

面のコック」を〝より深く〟したときの運動軌跡を表したものです。クラブ・ヘッドおよびシャフトに相当する部位が〈回転軸に対して凸の軌跡〉（逆向きの弧）を描きます。実際のスイングでは「水平面のコック」も動作されるし、両上肢・クラブが振り降ろされながら水平回転されるので、ヘッドもシャフトもこの図のような軌跡は描きません。運動が矢印の方向へ進み、上向きのパラボラが急激に開き、更に進むと下向きのパラボラへ変化していきます。シャフトは太い線で示した位置へ運動が進行します。この過程における太い線で示すシャフトの描く軌跡が、水平面のコックを無いとしたときの回転ブランコのシャフトの軌跡です。水平面のコックを考慮に入れると、シャフトが後方へ傾いた形のトップスイングとなります。したがってシャフトをやや後方へ傾けた形で考察しなければなりません（図24）。以下、水平面のコックがより深くなることは省いて考えます。

ダウンスイング中、シャフトは振り降ろされながら水平回転されます。したがって傾いたシャフトが下降しながら水平方向へ回転していきます。水平回転が進行する方向を前方と呼ぶことにします。図24のようにシャフトが前方へ進行しながら〈回転軸に対して凸の軌跡〉を描くには、シャフトは鉛直面のコックを深めながら前方へ進行しなければなりません。しかし傾いたシャフトは振り降ろされ続けるので、水平回転

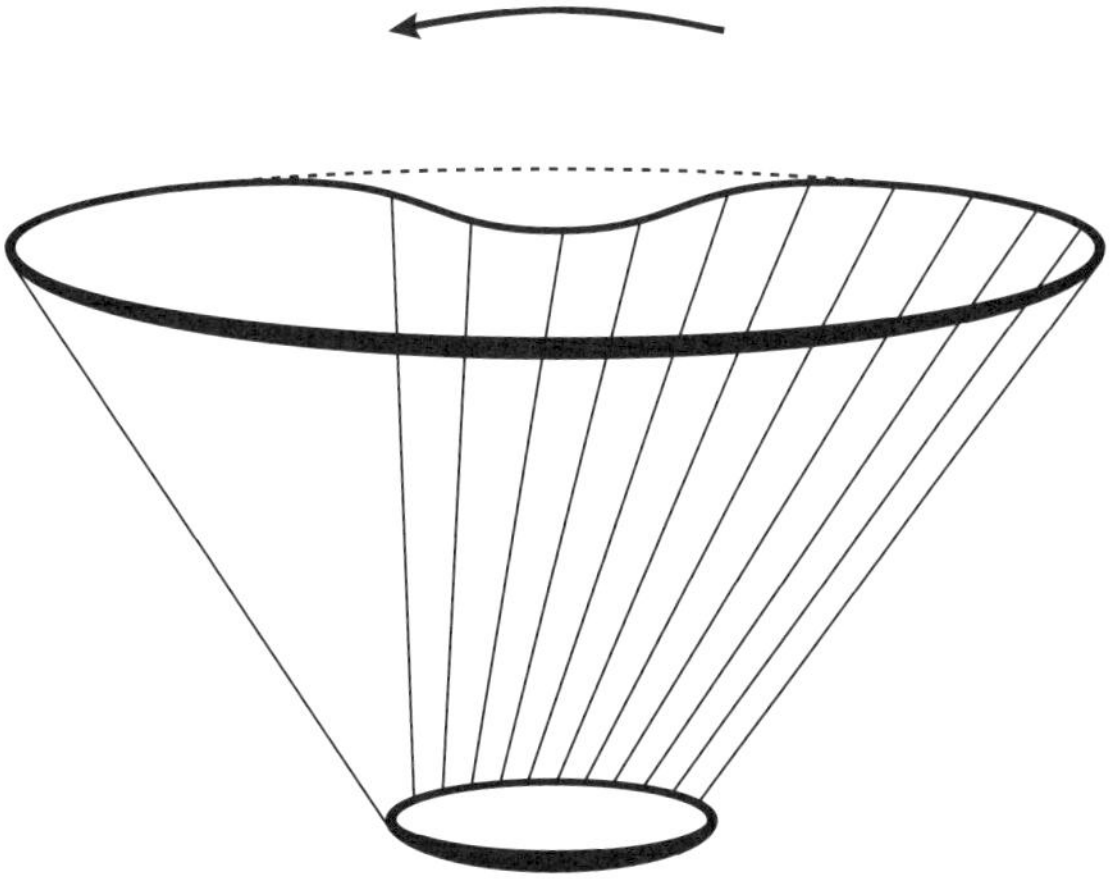

図24　水平面のコックが動作されるとヘッドよりも手の軌道が先行する

の角速度よりも降り降ろす角速度が速いときは、平面上を運動するような、もしくは下方へ平行移動するような軌道となります（図25－a）。シャフトは水平回転され続け前方へも進行しているのですが、図25－bのような前方へ進行する軌跡とはなりません。したがって図25－aのように動作されたとき、私たちはシャフトを下方へ平行移動しながら動作した軌跡と認識するかもしれないし、決してシャフトが前方へ進行しながら〈回転軸に対して凸の軌跡〉を描くとは認識しません。

スイングを「2軸性・3次元の運動」と捉えると、シャフトが図25－aのように運動するのは、平行移動しているのではないことになります。図26は、傾いたシャフトを鉛直方向へ振り降ろしたときの軌跡を表したものです。シャフトは、鉛直方向への回転運動において進行しているのです。したがって経時的に変化するシャフトの位置は、水平回転の角速度と振り上げ・振り降ろす角速度の相対的な速度の関係によってきまります。

ちなみに、地球は太陽の周りを回りながら天の川の渦の中心に対しても回っています。太陽を回る地球の軌道は円盤状の天の川銀河に対して傾きを持っているので、銀河の中心から地球を眺めると、地球はラセン軌道を描いて動いていることになる。

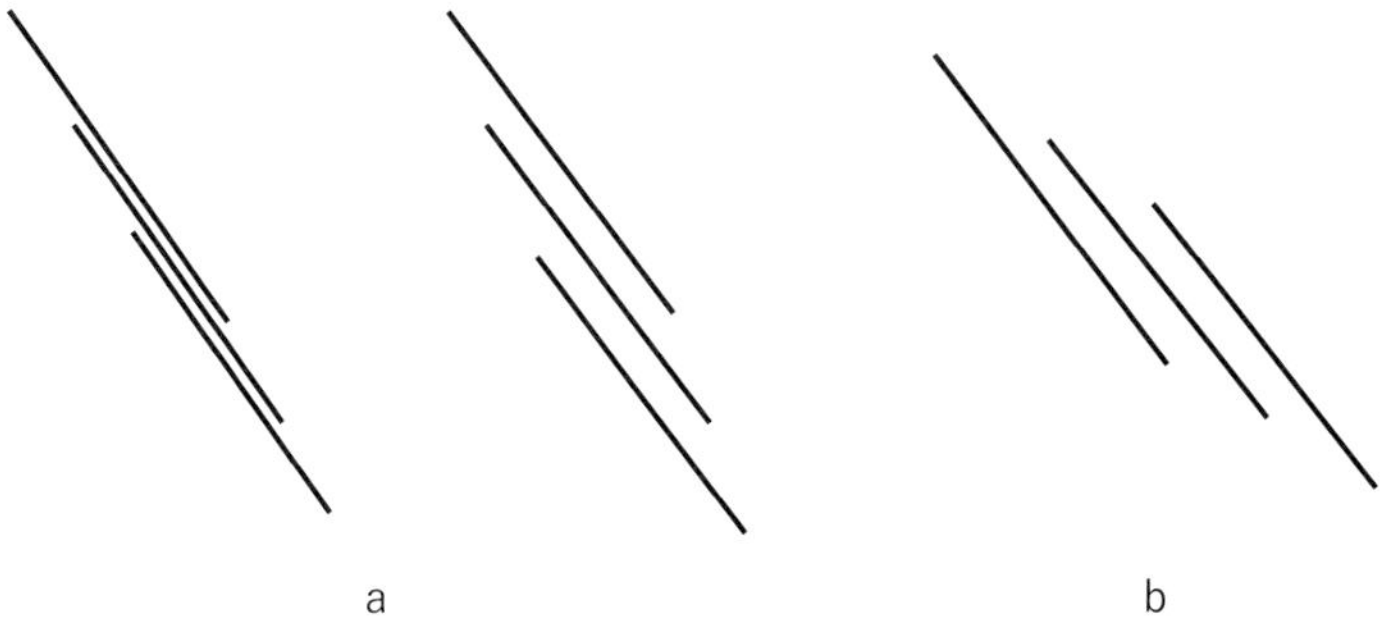

図25　飛球線後方から見たシャフトの軌跡

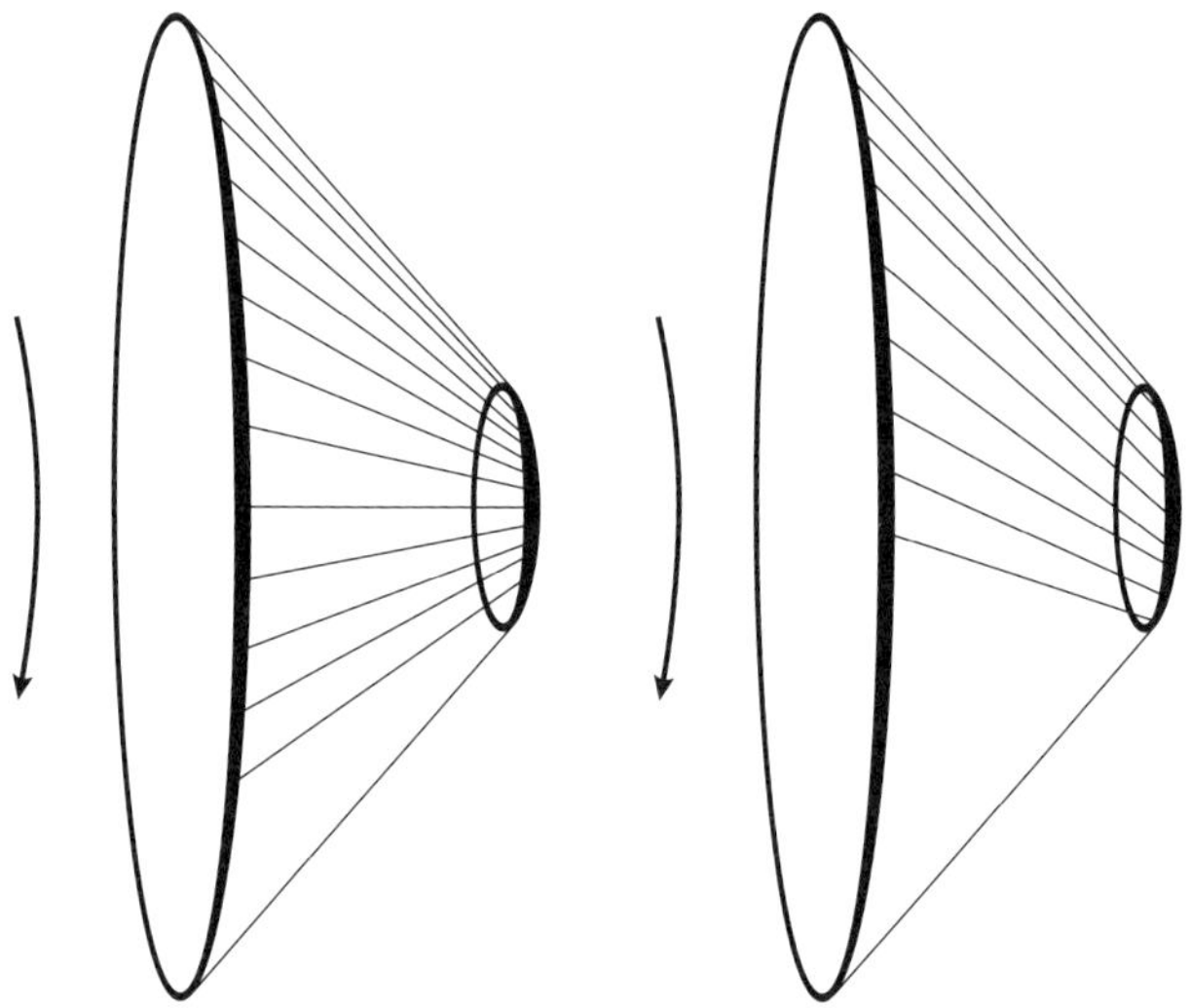

図26　鉛直面のコックが動作されるとヘッドよりも手の軌道が先行する

結び 「真実」はなぜ大切なのか――

おそらく「タメの動作」を、傾いた平面上のコック・アンコックの動作と考えるからうまくいかないのです。スイングを「1つの円運動」と考えるから、「傾いた平面上の円運動」――2次元の平面上の、それはつまり、異次元の世界の加速システムですから、有効に機能しない、のみならず、上達を阻害します。

「重力場」におけるスイングの基本構造は、今日、一般にいわば当たり前となっている1つの軸による1つの円運動ではなく、2つの軸による2つの円運動です。一見、スイングは「1軸性・平面の運動」に見えますが、運動学的原理に基づいて見てきたように「2軸性・3次元の運動」です。「しっかり水平回転動作しながら、しっかり振り降ろす動作」が実際上のスイング動作であり、そう動作するから結果、手やヘッドが「ラセン運動」します。

私たちは、軌道に関する情報をフィードバックして動作を修正したり、その情報を予測動作の知識としてフィードフォワードする、そうした自己の評価と自己調整を繰り返すことで上達していきます。天体（惑星）の軌道に関する情報は、それらの評価と修正を繰り返すことで天体に運動の規則性を見出し、今日の科学の基礎を造りました。

これをもし、「円運動」が先にあって、完全無欠の「傾いた平面上の円運動」を基本理念とし、結論ありきの物の見方や考え方をしたならば、私たちはどのようなスイング像を思い描くでしょうか。空理空論が指し示す虚像を予測し、それを達成しようとして運動学習したならば、どのような動作を習得するでしょうか――。

回転ブランコは回っています。縦にも回っています。

参考文献

朝永振一郎『物理学とは何だろうか』岩波書店
ベン・ホーガン『モダン・ゴルフ』ベースボール・マガジン社
D・レッドベター『ザ・アスレチックスウィング』ゴルフダイジェスト社
橘田規『ゴルフ新水平打法』ゴルフダイジェスト社
学習研究社編『月刊パーゴルフ』学習研究社
中村隆一、齋藤宏『基礎運動学』医歯薬出版
中村隆一、齋藤宏『臨床運動学』医歯薬出版
波多野誼余夫編『認知心理学5　学習と発達』東京大学出版会
坂木直樹『ゴルフスイングの構造』講談社エディトリアル
マーティン・ガードナー『自然界における左と右』紀伊國屋書店
黒田玲子『生命世界の非対称性』中央公論新社
トーマス・クーン『科学革命の構造』みすず書房

小林康夫、船曳建夫編『知のモラル』東京大学出版会
アーネスト・ゼブロウスキー『円の歴史』河出書房新社
竹田青嗣『現代思想の冒険』毎日新聞社

本書の主旨は、日本ゴルフ学会会誌『ゴルフの科学』第9巻 第1号、22―33頁（1996）、第15巻 第1号、60―65頁（2002）で述べたものです。

イラスト出典：『ゴルフスイングの構造』講談社エディトリアル

我々は探究をやめてはならない。そして、我々のすべての探究の最後は、
初めにいた場所に戻ることであり、その場所を初めて知ることである。

（T・S・エリオット）

坂木　直樹（さかき　なおき）

1945年生まれ。熊本県出身。長崎大学医学部卒業。整形外科医師。運動の学習理論において、運動・動作の結果生じる「軌道に関する情報」が学習過程で重要な働きをすることから、ハンディキャップ10のときにゴルフのクラブをペンに持ち替える。運動学的な理論に基づいて、ゴルフスイングの「軌道」を説明した。日本ゴルフ学会会員。

ゴルフスイングの真実
ゴルフスイングは「円軌道」ではない

2023年8月10日　初版第1刷発行

著　　者　坂木直樹
発 行 者　中田典昭
発 行 所　東京図書出版
発行発売　株式会社 リフレ出版
〒112-0001　東京都文京区白山 5-4-1-2F
電話 (03)6772-7906　FAX 0120-41-8080
印　　刷　株式会社 ブレイン

© Naoki Sakaki
ISBN978-4-86641-600-7 C0075
Printed in Japan 2023
本書のコピー、スキャン、デジタル化等の無断複製は著作権法上での例外を除き禁じられています。本書を代行業者等の第三者に依頼してスキャンやデジタル化することは、たとえ個人や家庭内での利用であっても著作権法上認められておりません。

落丁・乱丁はお取替えいたします。
ご意見、ご感想をお寄せ下さい。